PIANO · VOCAL · GUITAR

FLORENCE
+ THE MACHINE
HOW BIG HOW BLUE HOW BEAUTIFUL

ISBN 978-1-4950-2161-9

7777 W. BLUEMOUND RD. P.O. BOX 13819 MILWAUKEE, WI 53213

Visit Hal Leonard Online at
www.halleonard.com

SHIP TO WRECK

Words and Music by FLORENCE WELCH
and THOMAS HULL

Here comes a kil - ler whale _ to sing me to sleep. _
Don't let the cur - tain catch _ you 'cause you've been here be - fore. __

Thrash-ing the cov - ers off, _
The chair is an is - land, dar - ling

has me by its teeth. _ } And oh, _ my love _
you can't touch the floor. _

_ re - mind _ me, what was it that I _ said? __

To wreck. _____ To wreck. _

Did I build ___ this ship ___ to wreck? _

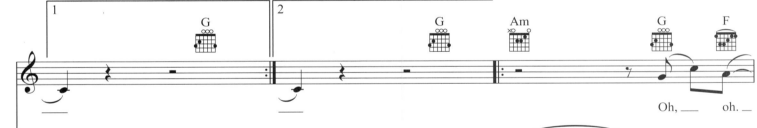

Oh, ___ oh. _

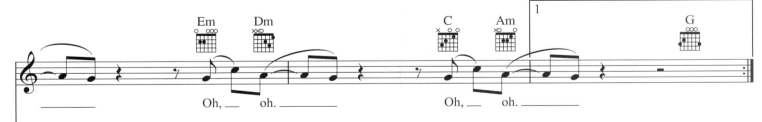

Oh, ___ oh. _____ Oh, ___ oh. __

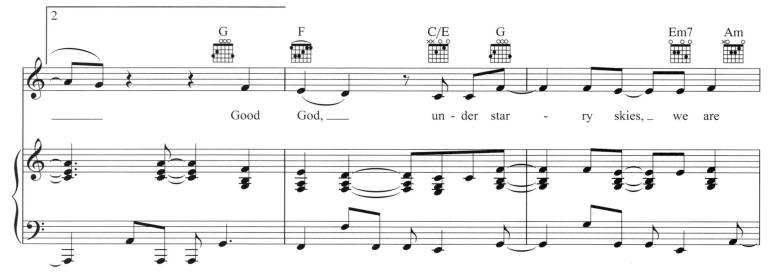

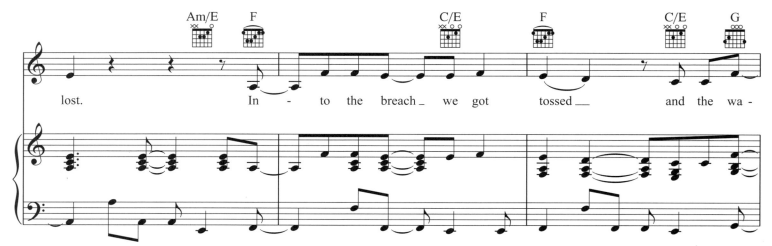

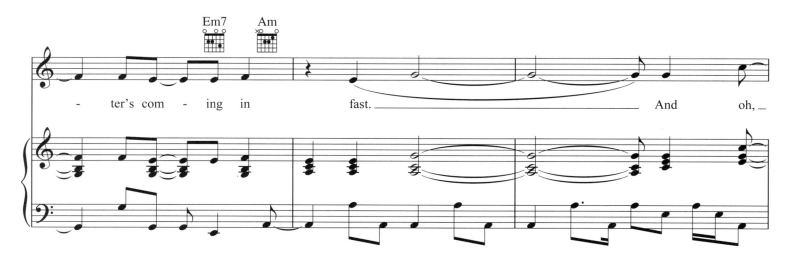

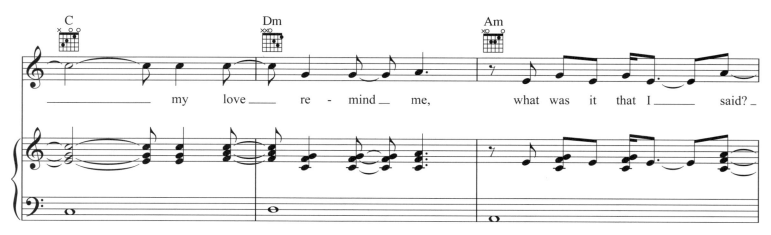

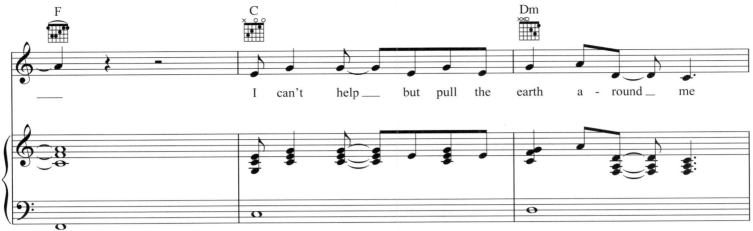

this ship ___ to wreck? ___ To wreck. ___

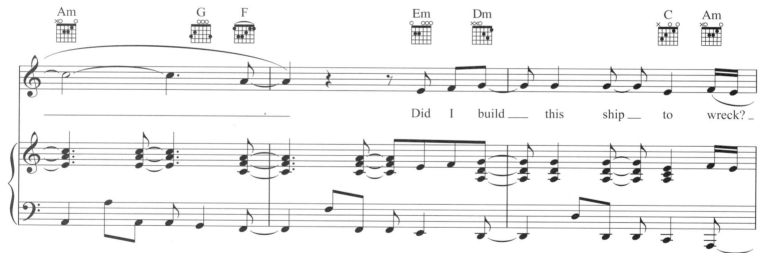

___ To wreck. ___ To wreck. ___

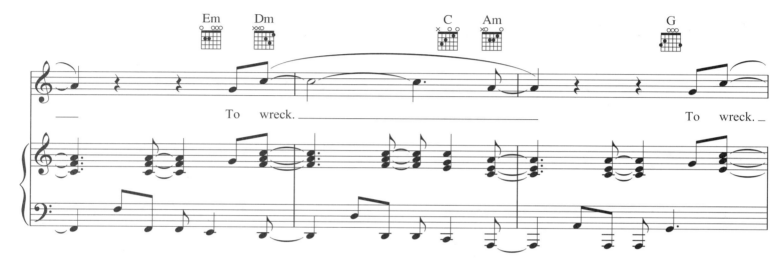

___ Did I build ___ this ship ___ to wreck? ___

To wreck. ___ ___

WHAT KIND OF MAN

Words and Music by FLORENCE WELCH,
THOMAS HULL and JOHN HILL

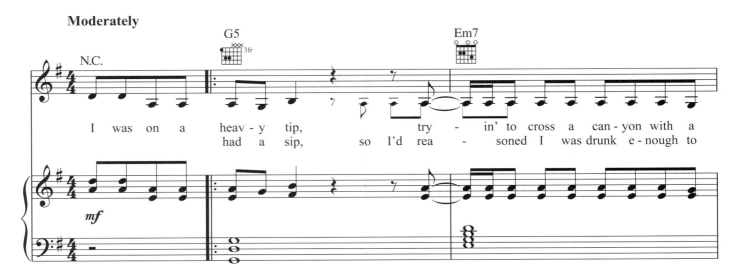

Lyrics:

I was on a heav-y tip, tryin' to cross a can-yon with a
had a sip, so I'd rea - soned I was drunk e - nough to

bro - ken limb. You were on the oth - er side, ____ like al -
deal with it. You were on the oth - er side, ____ like al -

- ways, won-d'ring what to do with life.
- ways; you could nev - er make your mind.

I'd al - read - y

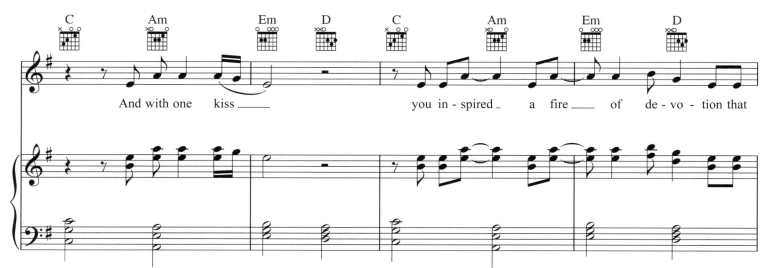

And with one kiss _____ you in-spired_ a fire_____ of de-vo-tion that

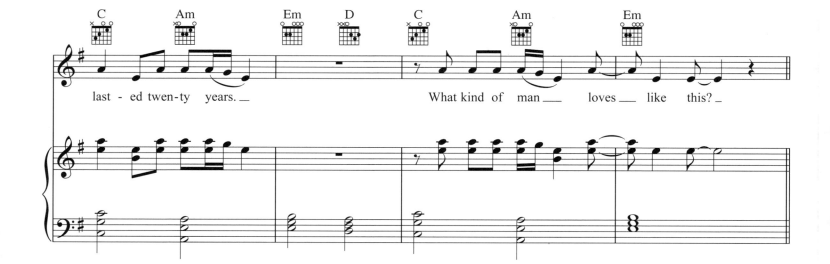

last-ed twen-ty years. ___ What kind of man___ loves___ like this? __

With a strong beat

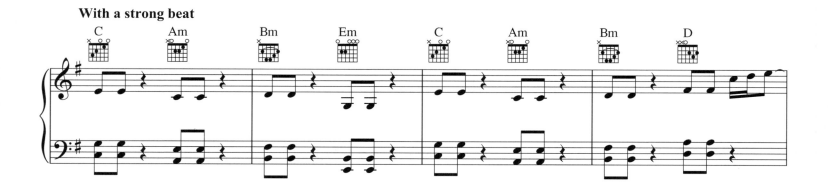

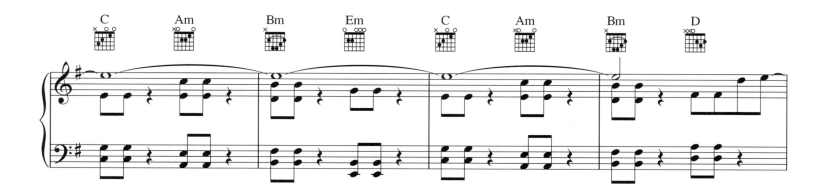

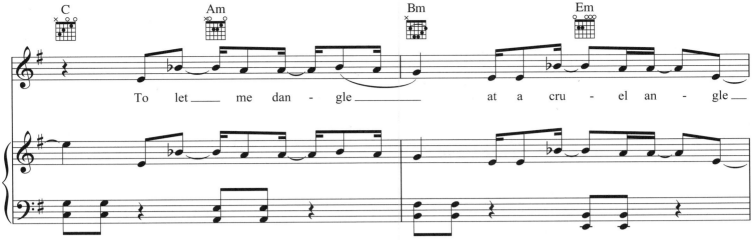

To let ___ me dan - gle _____ at a cru - el an - gle __

__ while my feet don't touch the floor. _____

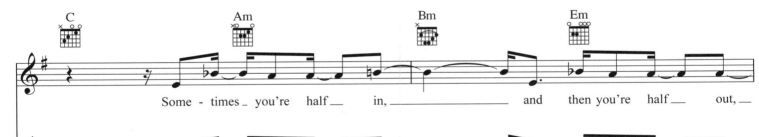

Some - times _ you're half _ in, _____ and then you're half _ out, _

__ but you nev - er close _ the door. __ What kind of man _ loves _

_____ like this, _____ what kind of man? _____

What kind of man _____ loves _____ like this, _____ what kind of man? _____

You're a ho - ly fool, _____ all col-ored blue, _____

red feet up - on the floor. _____ You do _____ such dam - age; _____

how do you man - age ____ to have me crawl-ing back for more? ____

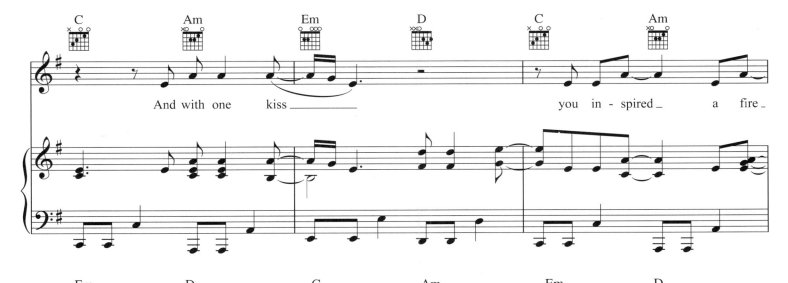

And with one kiss ____ you in - spired _ a fire _

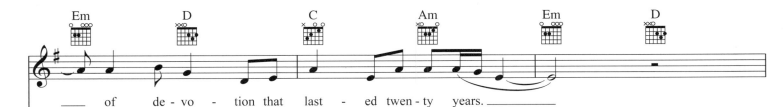

____ of de - vo - tion that last - ed twen-ty years. ____

What kind of man ____ loves ____ like this? _ What kind of man ____ loves _

like this, ___ what kind of man? _____

What kind of man ___ loves ___ like this, ___ what kind of man? ___

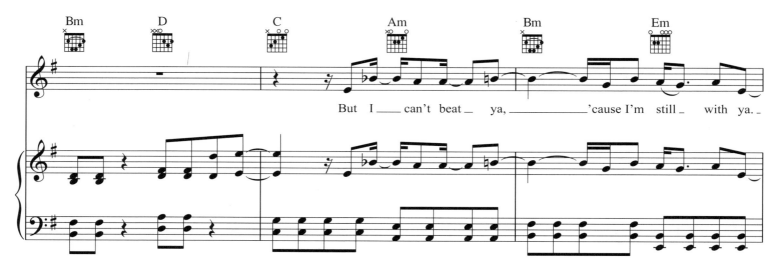

But I ___ can't beat ___ ya, ___ 'cause I'm still ___ with ya. _

___ Oh ___ mer - cy, I im - plore. _____ How do ___ you do it? _

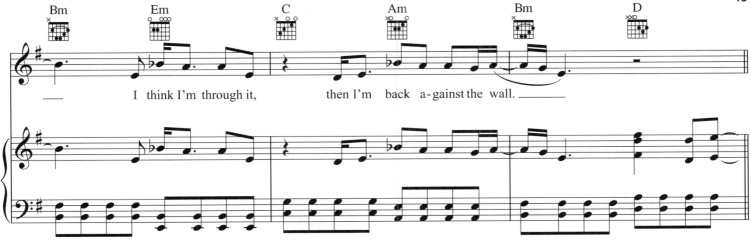

I think I'm through it, then I'm back a-gainst the wall. _____

What kind of man ___ loves ___ like this, ___ what kind of man? ___

What kind of man ___ loves ___ like this, ___

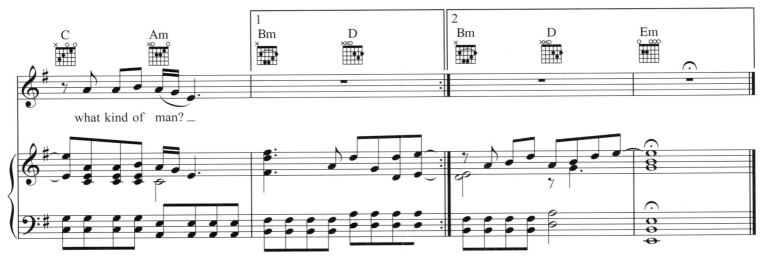

what kind of man? __

HOW BIG, HOW BLUE, HOW BEAUTIFUL

Words and Music by FLORENCE WELCH
and ISABELLA SUMMERS

Moderate Rock

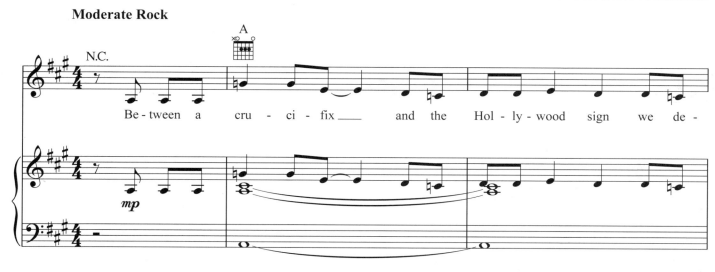

Be-tween a cru-ci-fix ___ and the Hol-ly-wood sign we de-

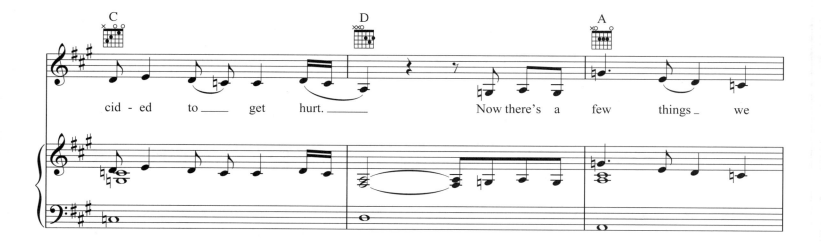

cid-ed to ___ get hurt. ___ Now there's a few things _ we

have to burn, ___ set our hearts a-blaze._ And ev-'ry

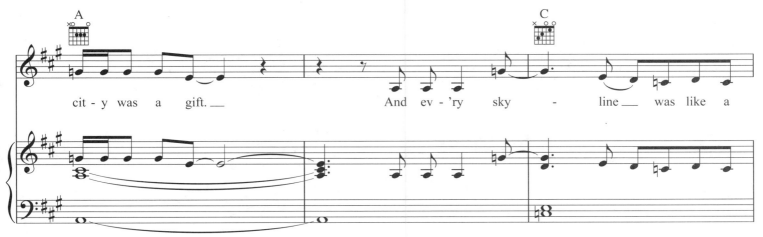

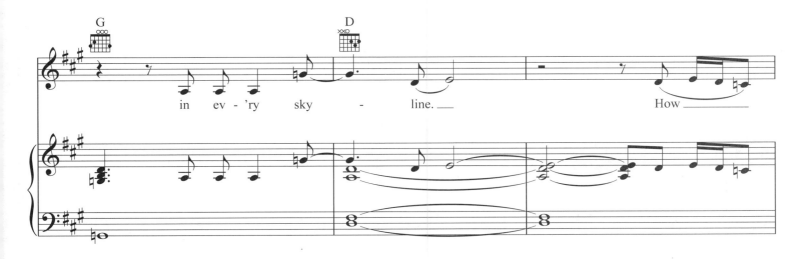

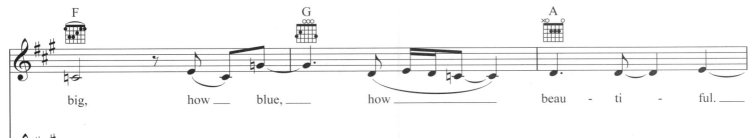

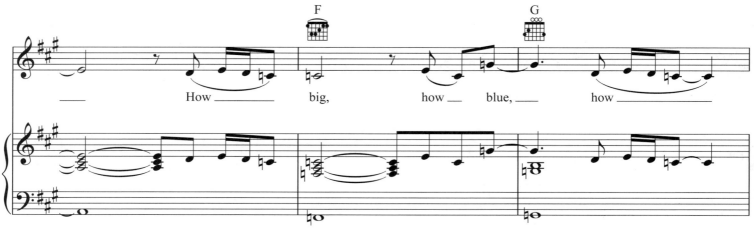

How _____ big, how ___ blue, ___ how _____

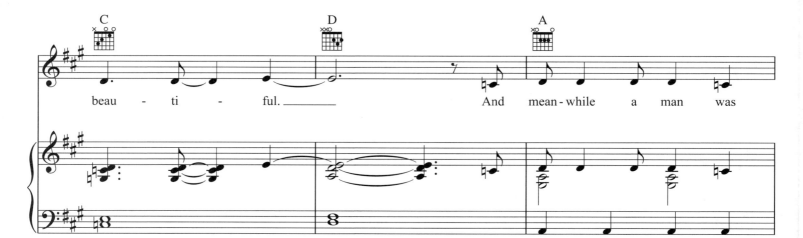

beau - ti - ful. _____ And mean - while a man was

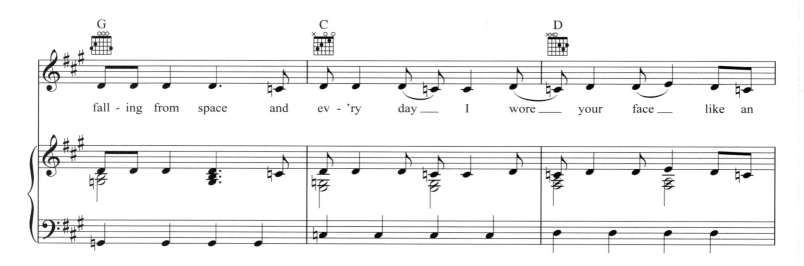

fall - ing from space and ev - 'ry day ___ I wore ___ your face ___ like an

at - mos - phere a - round ___ me. The sat - el - lite ___ be - side ___

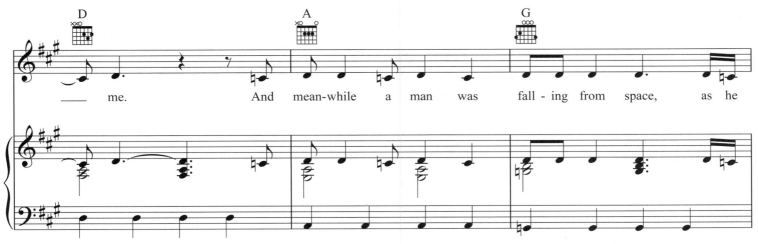

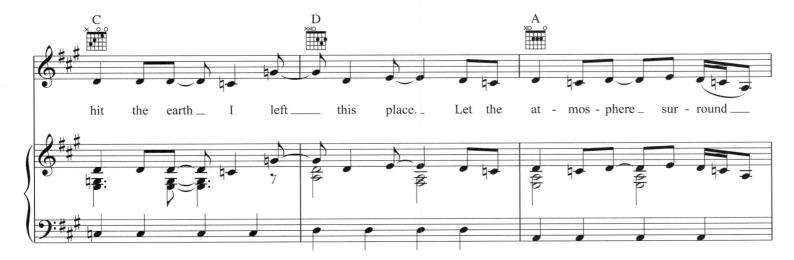

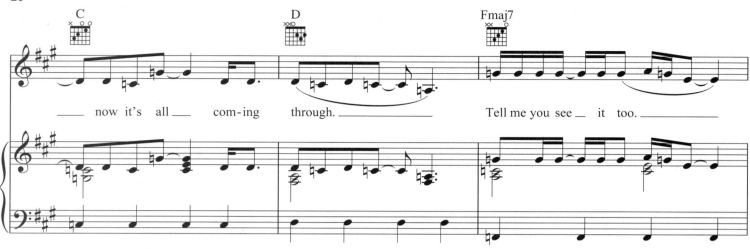

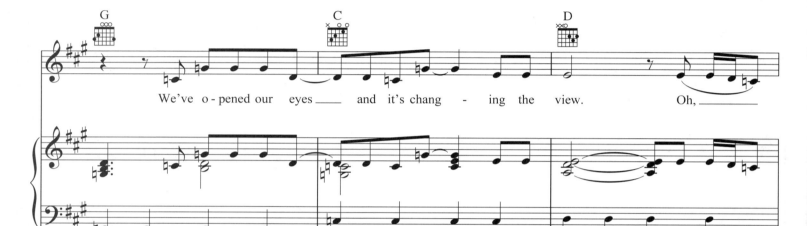

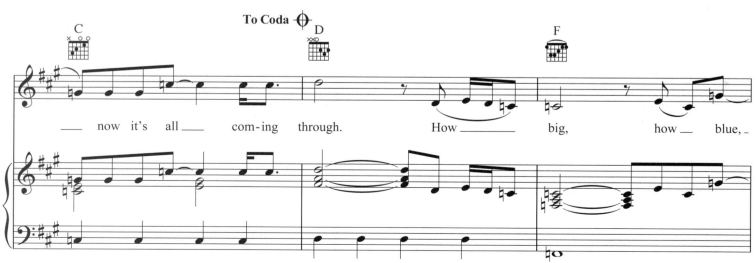

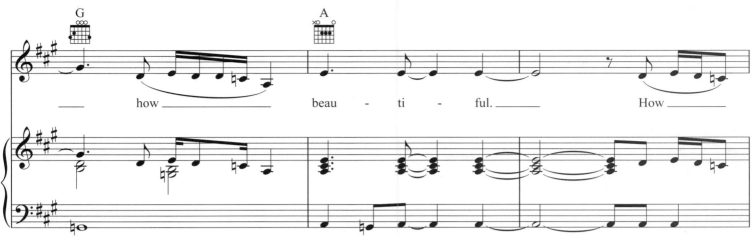

how _____ beau - ti - ful. _____ How _____

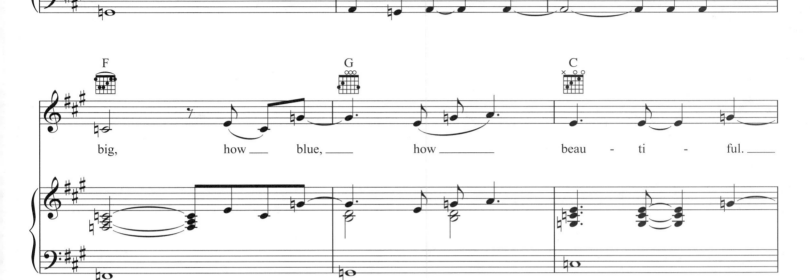

big, how __ blue, _____ how _____ beau - ti - ful. _____

_____ And ev - 'ry cit - y was a gift. ___ And ev - 'ry sky -

- line was __ like a kiss up - on the lips. __ And I was mak-in' you a wish __

in ev -'ry sky - line, _____ was like a kiss up - on the lips. And

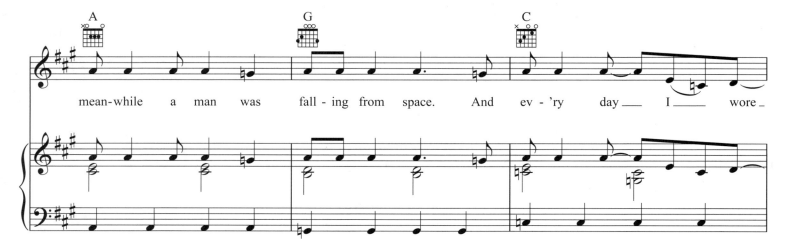

mean-while a man was fall - ing from space. And ev -'ry day ___ I ___ wore ___

_____ your _ face _ like an at - mos - phere _ a - round ___ me. I'm

hap - py you're _ be - side _____ me. Well,

D.S. al Coda

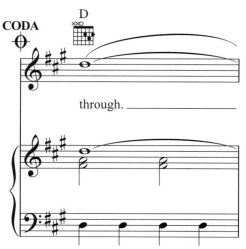

CODA

through. _____

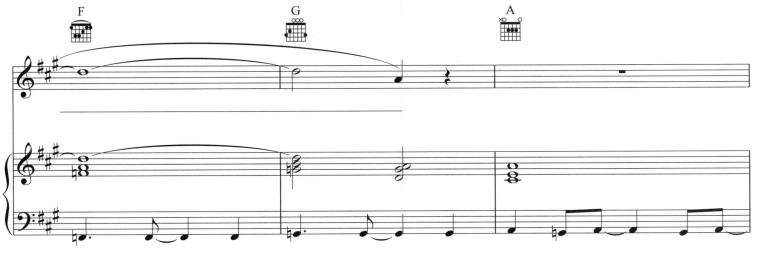

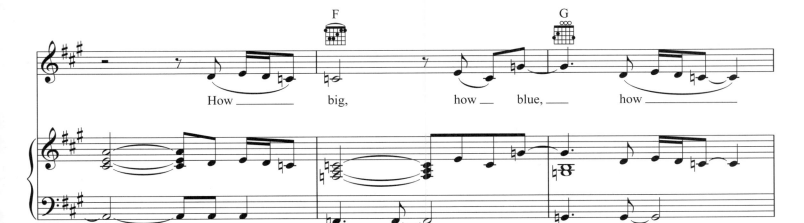

How _____ big, how _ blue, _____ how _____

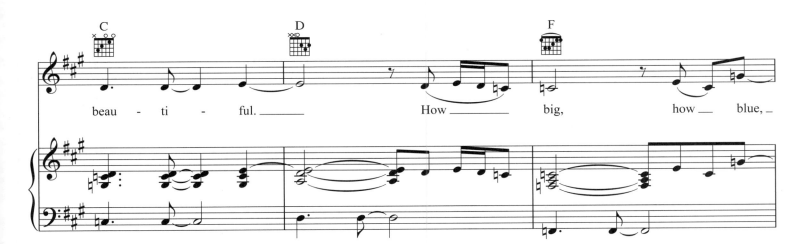

beau - ti - ful. _____ How _____ big, how _ blue, _

_____ how _____ beau - ti - ful. _____ How _____

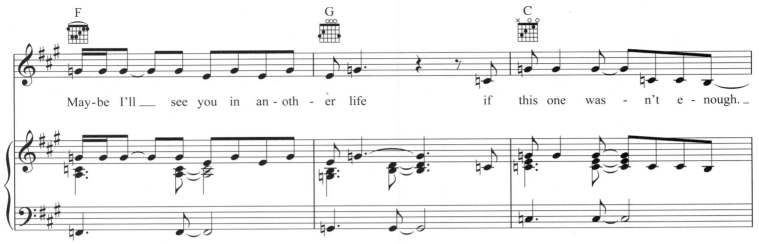

May-be I'll ___ see you in an-oth - er life ___ if this one was - n't e - nough. ___

So much time ___ on the oth - er side. _____

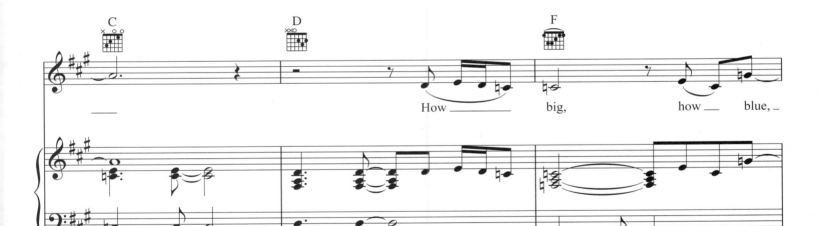

How _____ big, how ___ blue, _

___ how _____ beau - ti - ful. How _____

big,   how _____ blue. _____

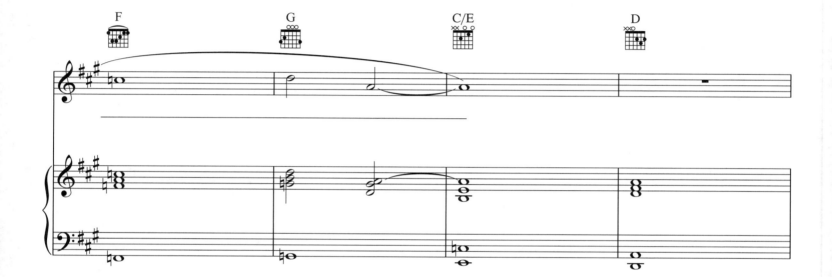

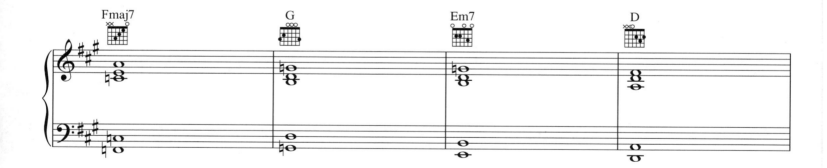

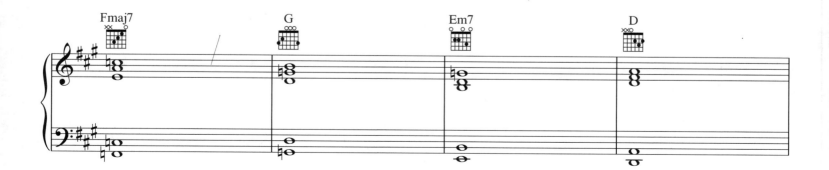

Fmaj7
G
Em7
D
F
G
Cmaj9
D
Play 6 times
F
G
Em
C/E
Dsus
D
Fmaj7
G6
Em7
D(add2)
D

QUEEN OF PEACE

Words and Music by FLORENCE WELCH
and MARKUS DRAVS

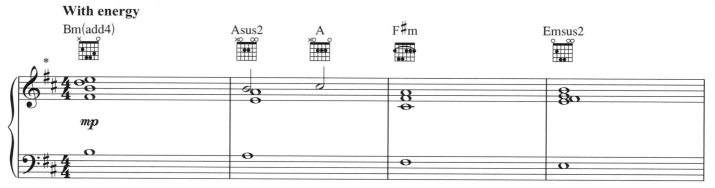

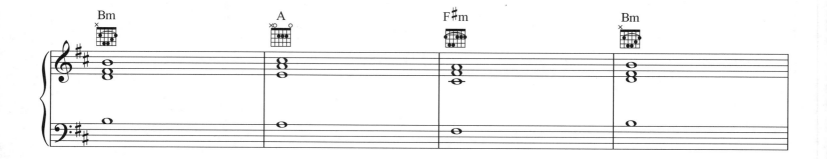

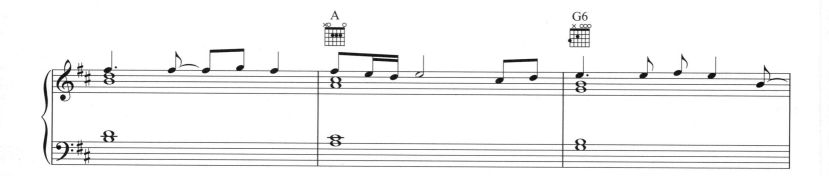

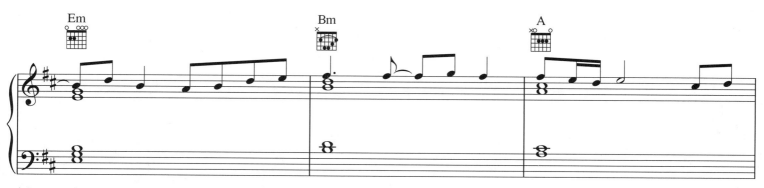

* *Recorded a half-step lower*

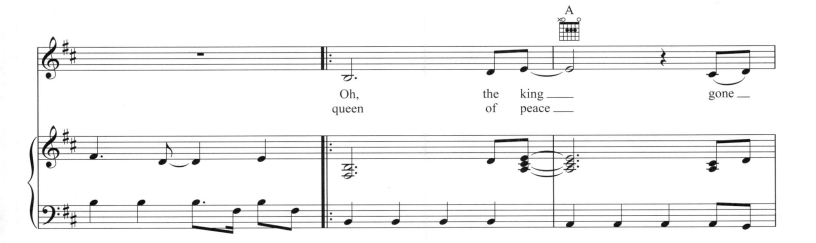

Oh, the king _____ gone _____
queen of peace _____

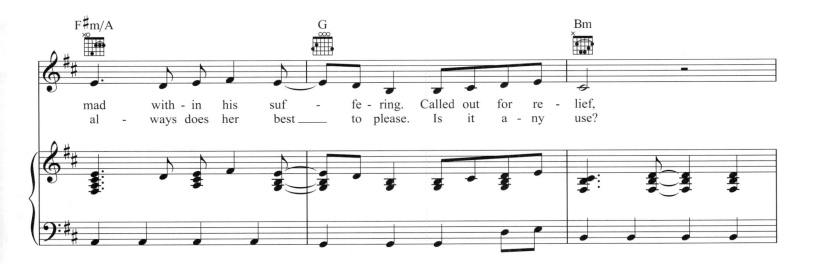

mad with-in his suf - fe - ring. Called out for re - lief,
al - ways does her best _____ to please. Is it a - ny use?

some - one cure him of his grief. _____ His
Some - bod - y's got to lose. Like a

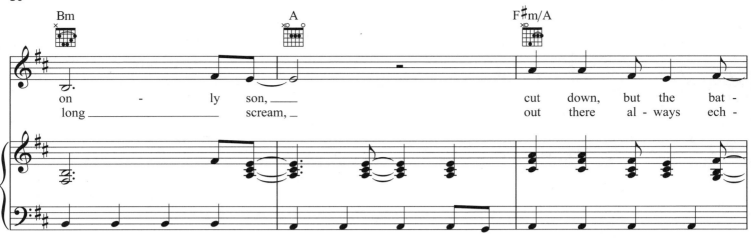

on - ly son, _____ cut down, but the bat-
long _____ scream, _ out there al - ways ech -

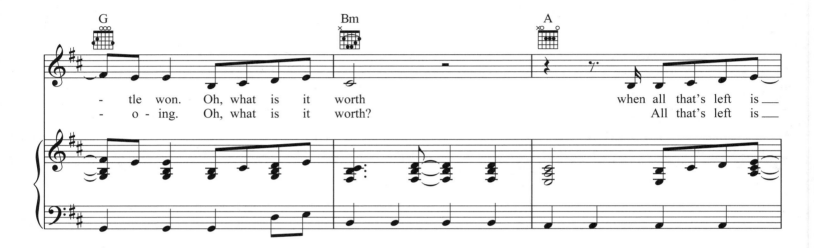

- tle won. Oh, what is it worth when all that's left is _
- o - ing. Oh, what is it worth? All that's left is _

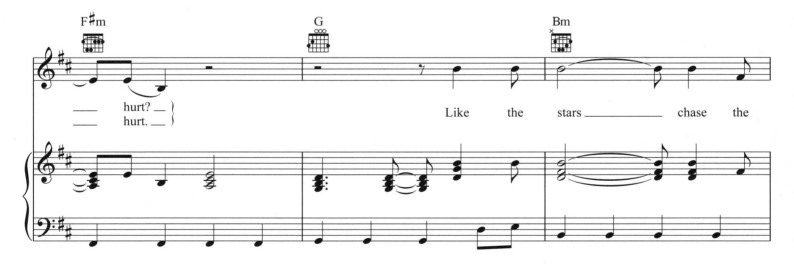

_ hurt? _ } Like the stars _____ chase the
_ hurt. _ }

sun _____ o - ver the glow - ing hill, _ I will con - quer. _ Blood is run - ning

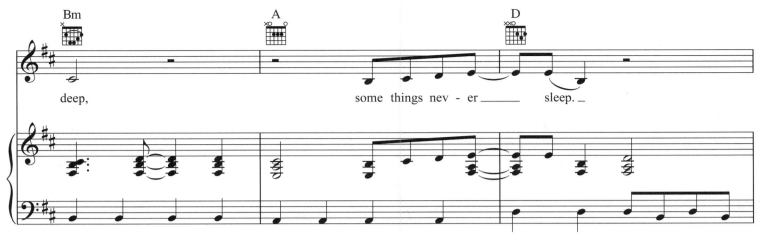

deep, some things nev - er _____ sleep. ____

Sud - den - ly I'm o - ver - come, ____ dis - solv - ing like the

set - ting sun. ____ Like a boat in - to o - bliv - i - on, ____

____ 'cause you're driv - ing me a - way. ____ Now you have me

on the run,___ the dam-age is al-read - y done.___

___ Come on, is this what you want?___ 'Cause you're driv-ing me a-

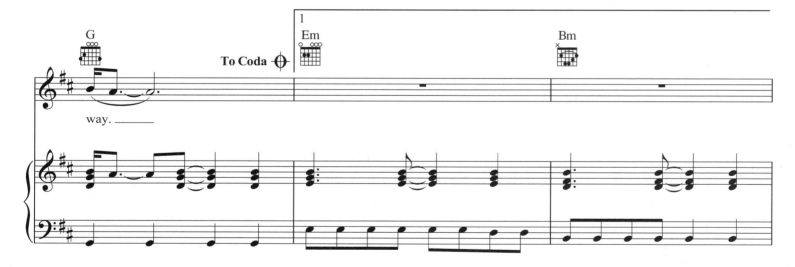

way. _____

Oh, the

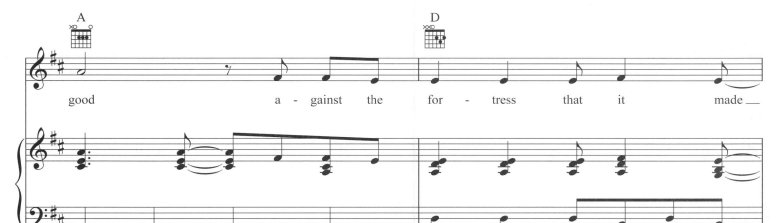

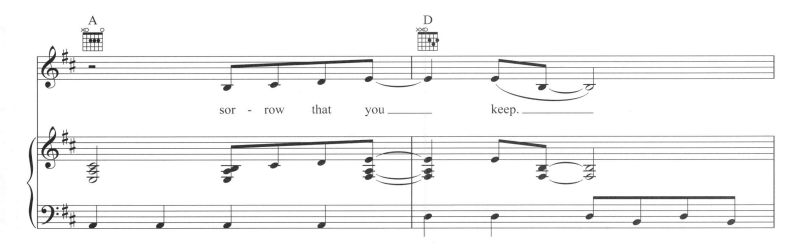

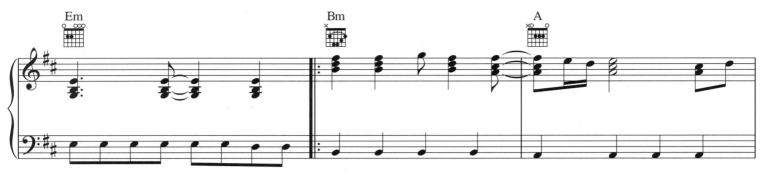

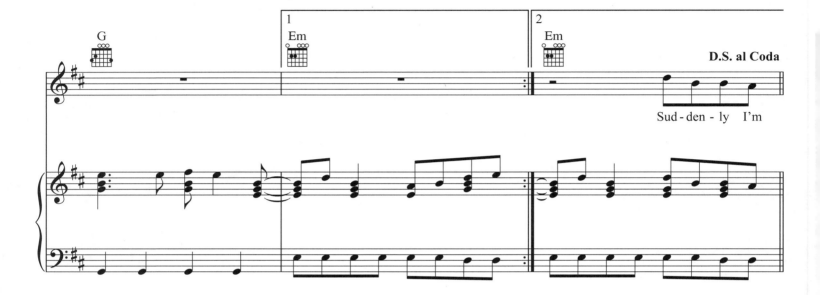

Sud - den - ly I'm

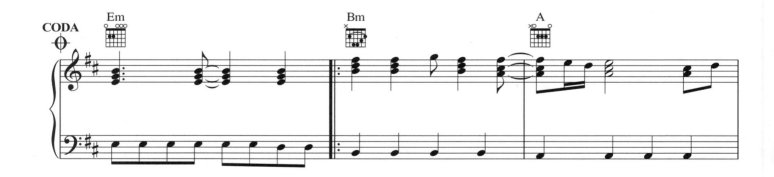

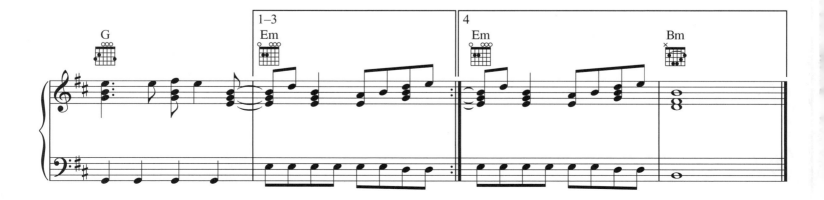

VARIOUS STORMS & SAINTS

Words and Music by FLORENCE WELCH
and MARKUS DRAVS

Moderately slow

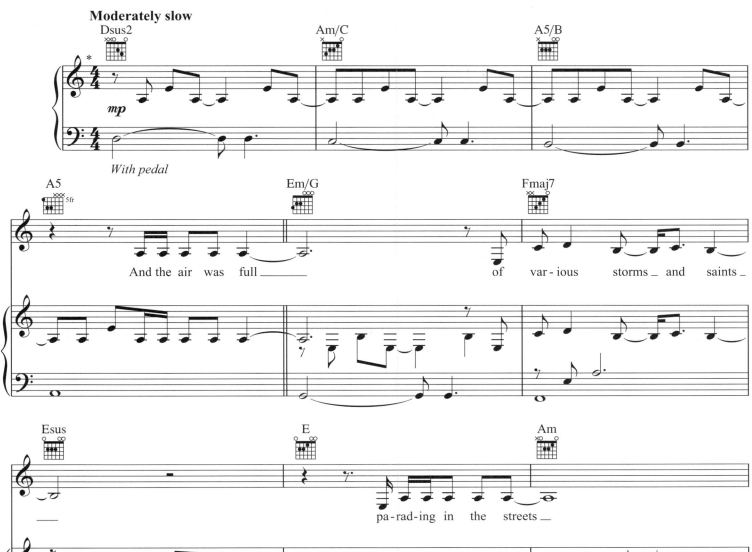

And the air was full _____ of var-i-ous storms ___ and saints ___

_____ pa-rad-ing in the streets ___

as the banks be-gan ___ to break. ___ And I'm in the

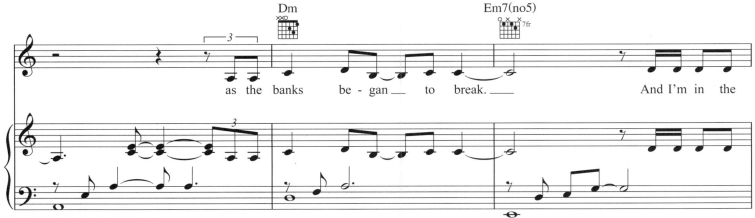

* Recorded a half step higher.

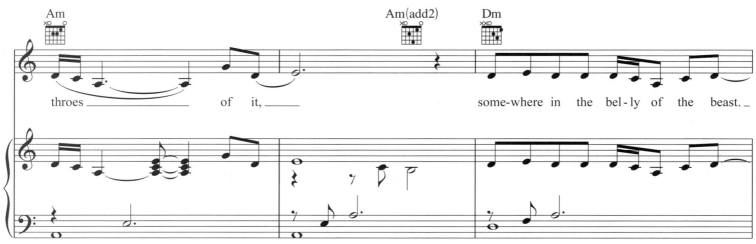

throes _____ of it, _____ some-where in the bel-ly of the beast. _____

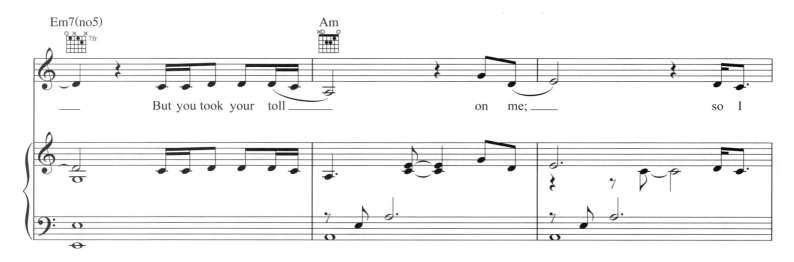

_____ But you took your toll _____ on me; _____ so I

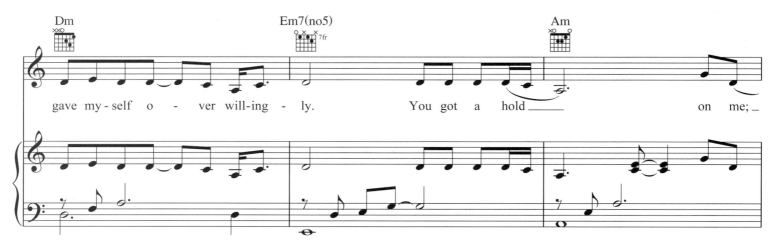

gave my-self o-ver will-ing-ly. You got a hold _____ on me; _

_____ I don't know how _____ I don't just stand out - side and

Em7   Dm

scream.   I am teach - ing my - self   how   to   be

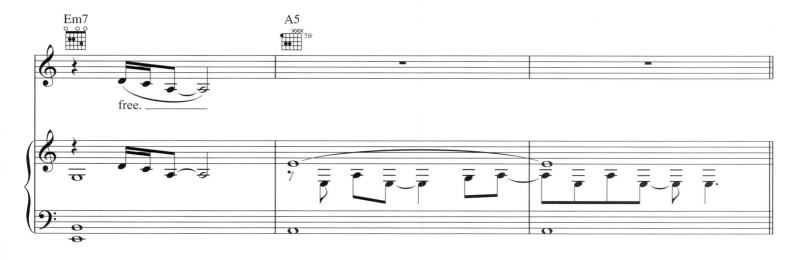

Em7   A5

free.

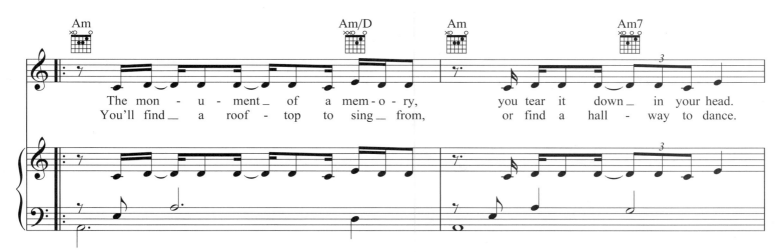

Am   Am/D   Am   Am7

The mon - u - ment _ of a mem - o - ry,   you tear it down _ in your head.

You'll find _ a roof - top to sing _ from,   or find a hall - way to dance.

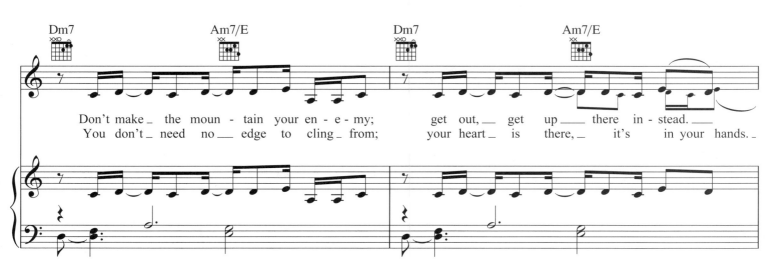

Dm7   Am7/E   Dm7   Am7/E

Don't make _ the moun - tain your en - e - my;   get out, _ get up _ there in - stead. _

You don't _ need no _ edge to cling _ from;   your heart _ is there, _ it's in your hands. _

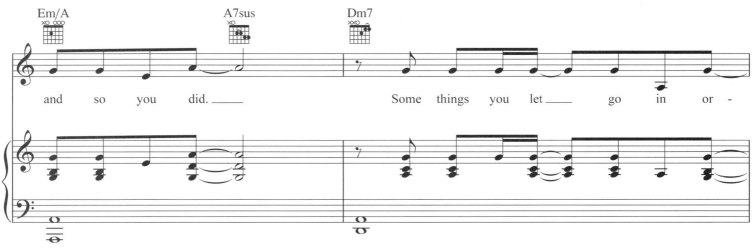

and so you did. _____ Some things you let _____ go in or -

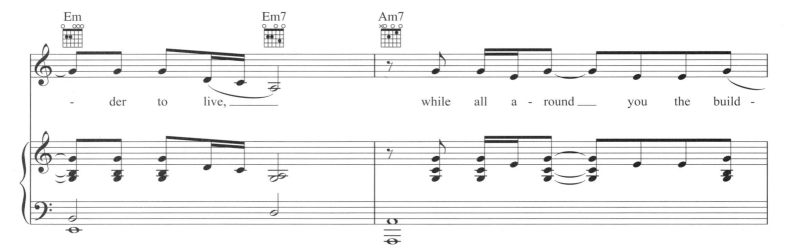

- der to live, _____ while all a - round _____ you the build -

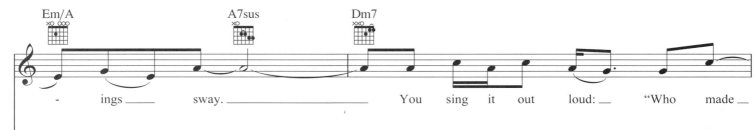

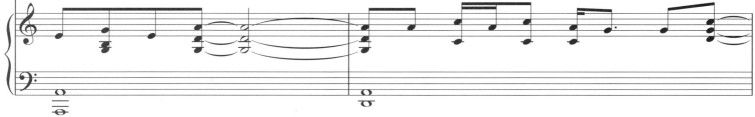

- ings _____ sway. _____ You sing it out loud: _ "Who made _

_____ us this way?" _ I know you're bleed - ing, _____ but you'll _

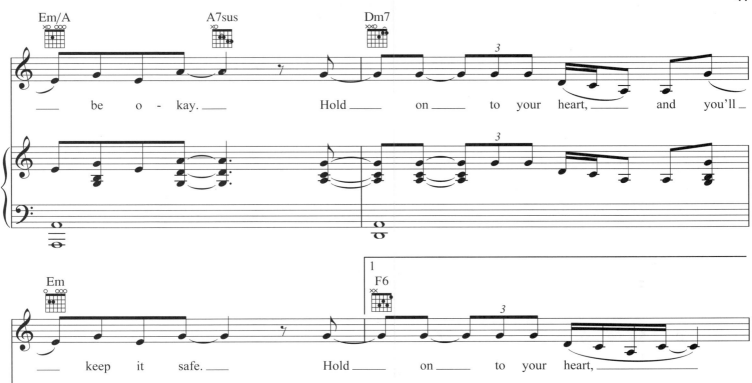

be o - kay. Hold on to your heart, and you'll

keep it safe. Hold on to your heart,

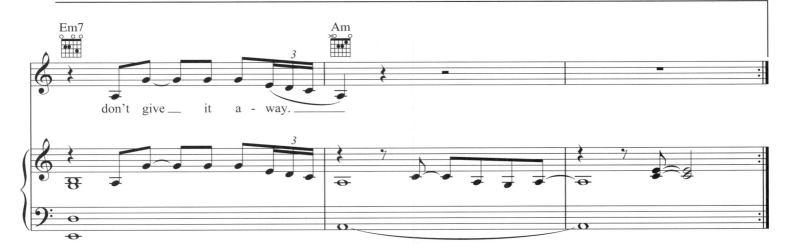

don't give it a - way.

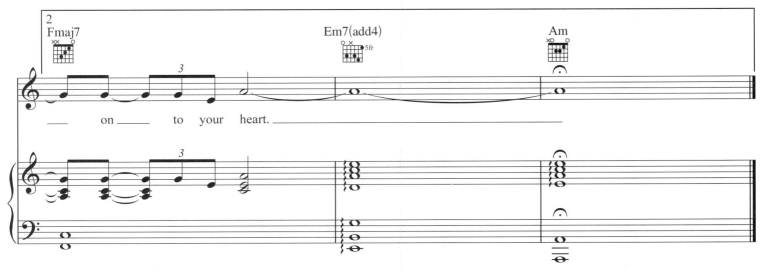

on to your heart.

DELILAH

Words and Music by FLORENCE WELCH
and ISABELLA SUMMERS

Moderate Rock

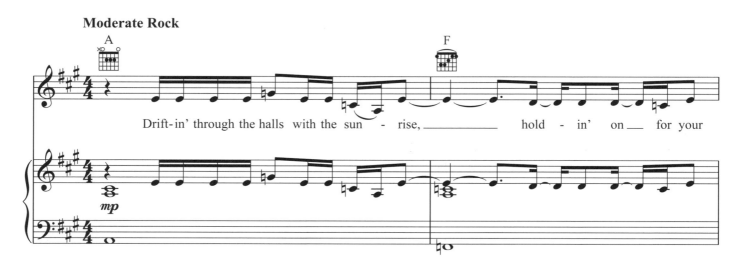

Drift-in' through the halls with the sun - rise, _____ hold - in' on ___ for your

call. Climb-in' up the walls for that flash-in' light, ___ I ___ can nev - er let

go. 'Cause I'm gon - na be free ___ and I'm gon - na be fine, _____ hold - in' on ___ for your

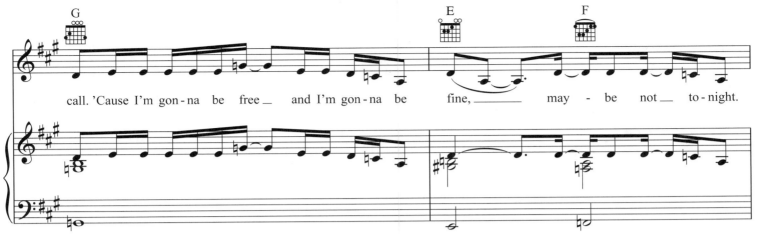

call. 'Cause I'm gon-na be free ___ and I'm gon-na be fine, ___ may - be not ___ to - night.

Now the sun is up ___ and I'm go-in' blind, ___ hold - in' on ___ for your

call. An-oth-er drink ___ just to pass ___ the time, ___ I ___ can nev - er say

no. 'Cause I'm gon-na be free ___ and I'm gon-na be fine, ___ hold - in' on ___ for your

call. 'Cause I'm gon-na be free ___ and I'm gon-na be fine, may - be not ___ to-night.

It's a dif-f'rent kind ___ of dan - ger ___ and the bells are ring-in' out.

And I'm call - in' for ___ my moth - er ___ as I pull the pil-lars down. ___

___ It's a dif-f'rent kind ___ of dan - ger ___ and my feet are spin-nin' 'round. ___

Nev-er knew I was__ a danc-er__ 'til De-li-lah showed__ me how.__

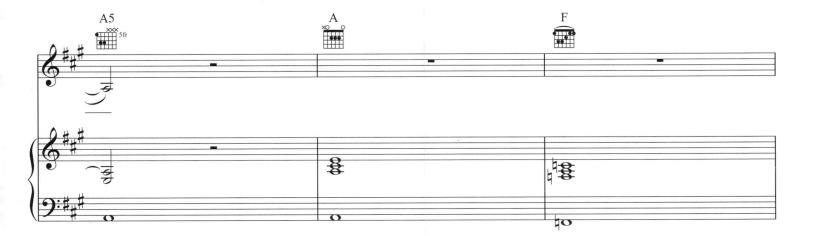

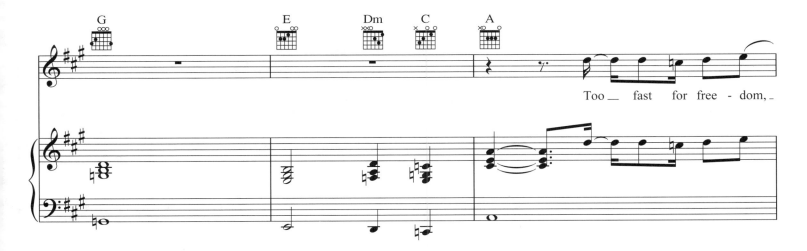

Too__ fast for free-dom,__

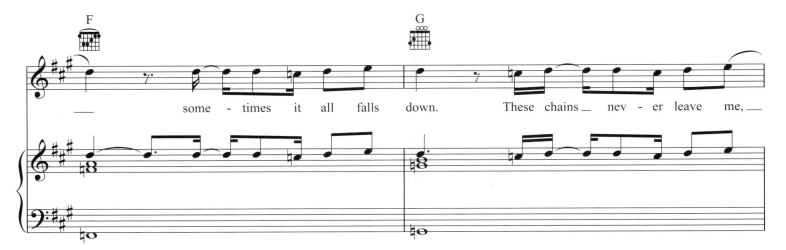

some-times it all falls down. These chains__ nev-er leave me,__

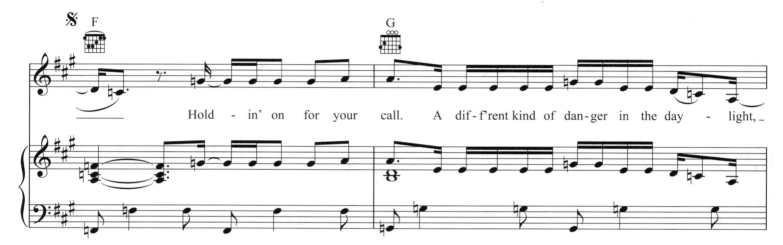

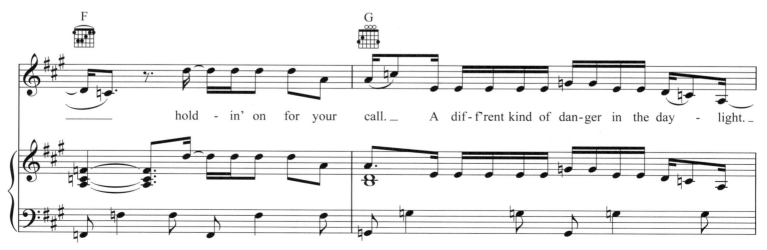

Can't you let me know? Now it's one more boy and it's one more line,

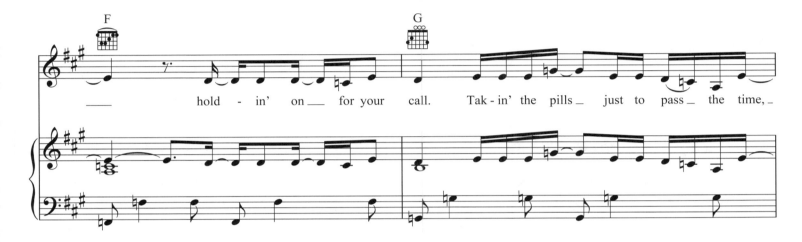

hold - in' on for your call. Tak - in' the pills just to pass the time,

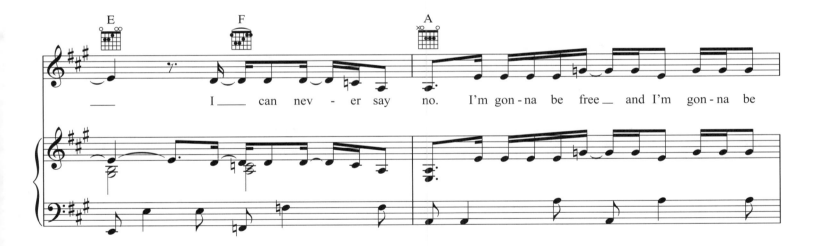

I can nev - er say no. I'm gon - na be free and I'm gon - na be

fine, hold - in' on for your call. 'Cause I'm gon - na be free and I'm gon - na be

fine but may - be not __ to - night. _____ It's a dif-f'rent kind __ of dan -

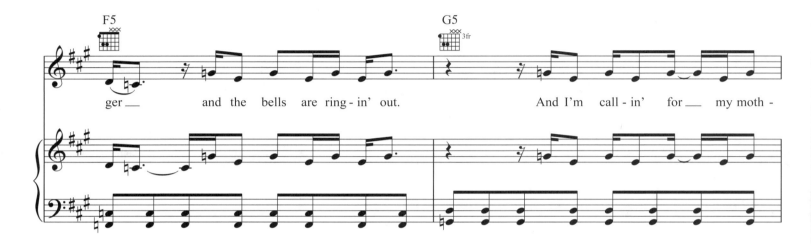

ger __ and the bells are ring - in' out. And I'm call - in' for __ my moth -

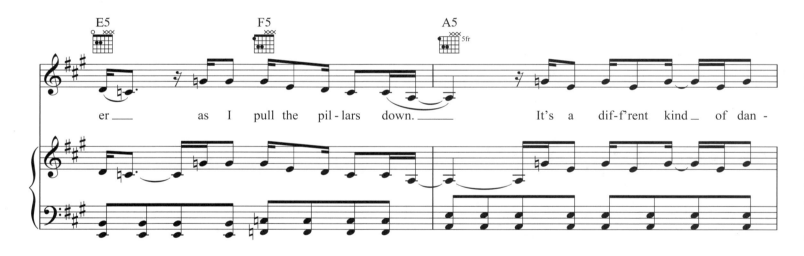

er __ as I pull the pil - lars down. _____ It's a dif-f'rent kind __ of dan -

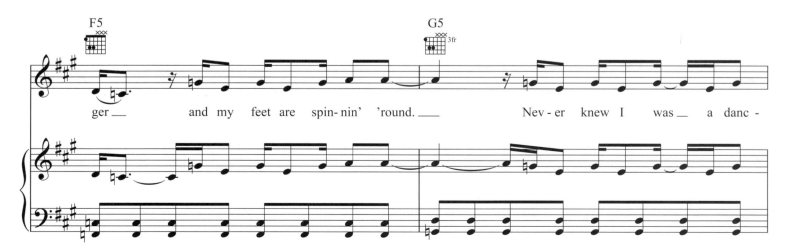

ger __ and my feet are spin - nin' 'round. __ Nev - er knew I was __ a danc -

er ___ 'til De - li - lah showed __ me how. ____ Now I'm danc-in' with De -li - lah and her vis-ion is mine. __

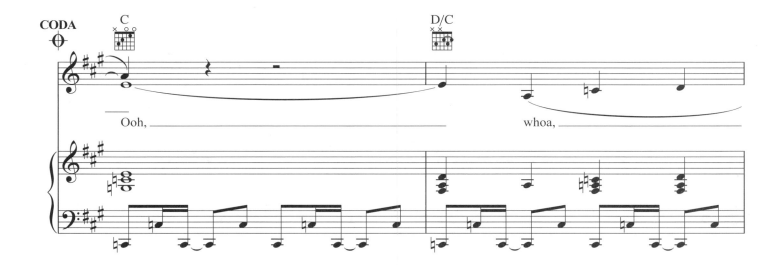

Ooh, _____ whoa, _____

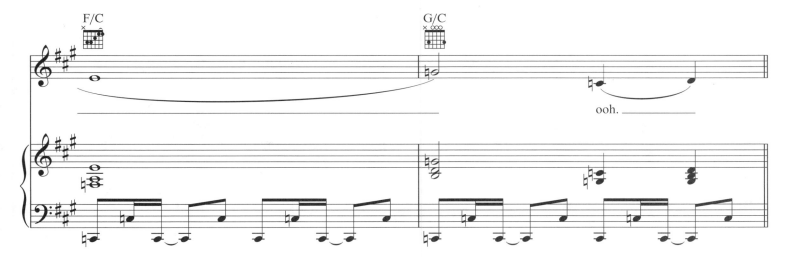

_____ ooh. _____

Strung up, ___ strung out ___ for your __ love. Hang in, ___ hung up, ___ it's so ___ rough.

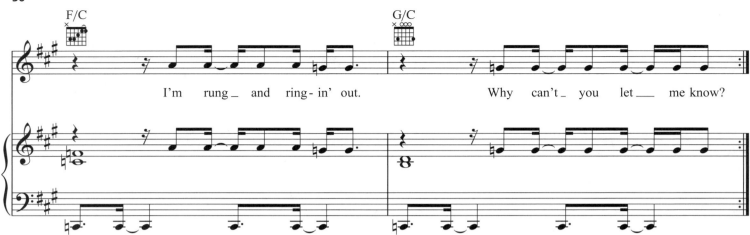

I'm rung _ and ring - in' out.   Why can't _ you let _ me know?

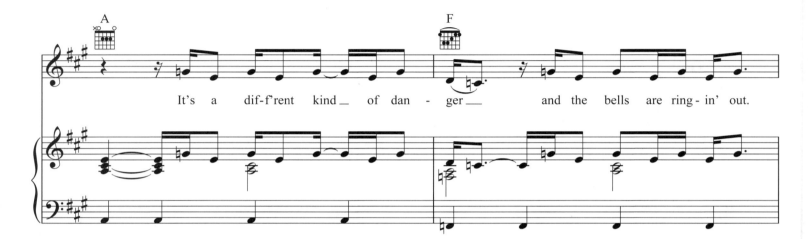

It's a dif-f'rent kind _ of dan - ger _____   and the bells are ring - in' out.

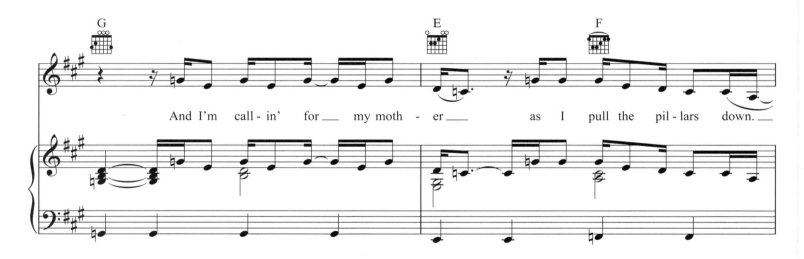

And I'm call - in' for _ my moth - er ___   as I pull the pil - lars down. __

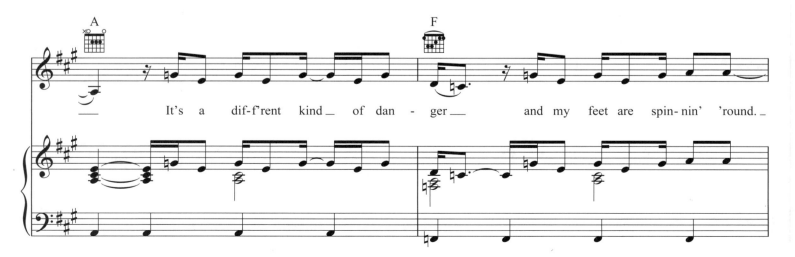

___ It's a dif-f'rent kind _ of dan - ger _____   and my feet are spin - nin' 'round. _

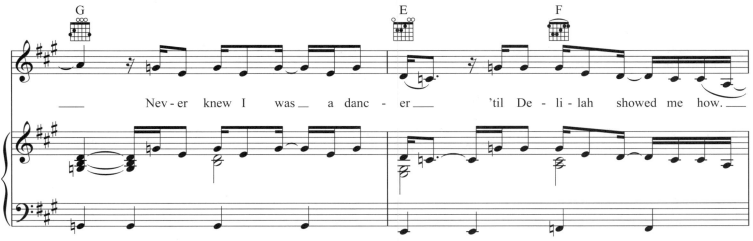

Nev-er knew I was __ a danc - er __ 'til De - li - lah showed me how. __

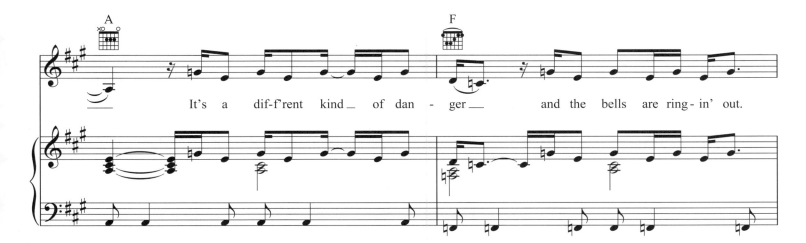

It's a dif-f'rent kind __ of dan - ger __ and the bells are ring- in' out.

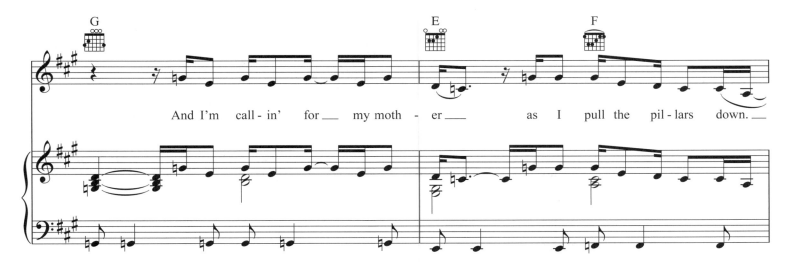

And I'm call- in' for __ my moth- er __ as I pull the pil- lars down. __

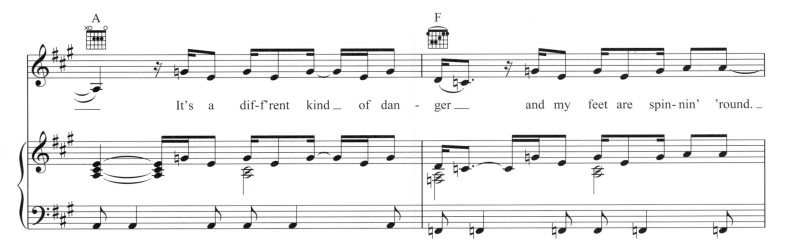

It's a dif-f'rent kind __ of dan - ger __ and my feet are spin-nin' 'round. __

Nev-er knew I was __ a danc-er __ 'til De-li-lah showed __ me how. __

__ Too __ fast for free-dom, __ some-times it all falls

down. These chains __ nev-er leave me, __ I __ keep drag-gin' them a-

1. round. Too __ fast for free-dom __ round.

2.

LONG & LOST

Words and Music by FLORENCE WELCH
and ESTER DEAN

Is it too late to come on home? __ Are all those bridg - es __

now old stone? __ Is it too late __ to come on home? __

Can the cit - y for-give? I heard its sad song. I heard its sad song.

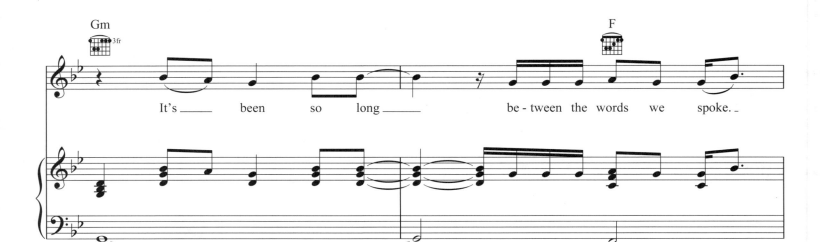

It's __ been so long __ be - tween the words we spoke. __

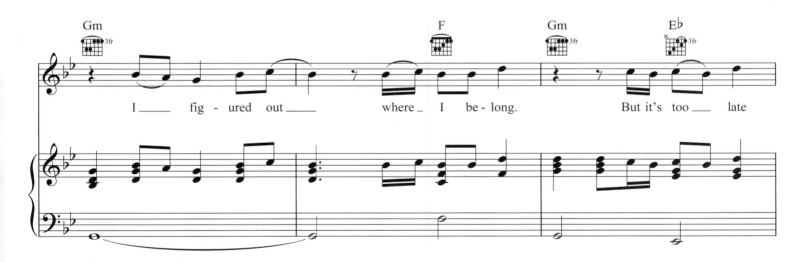

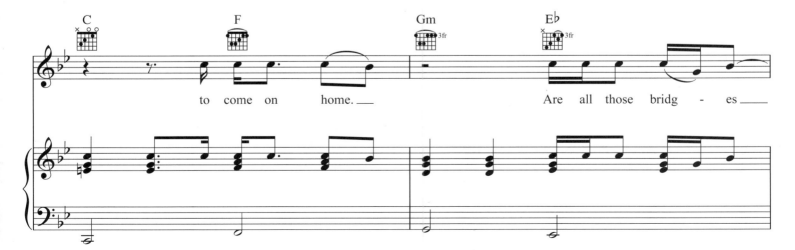

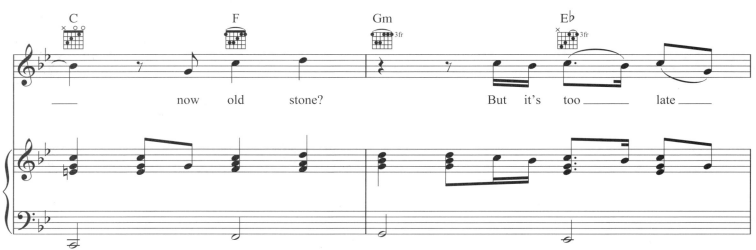

now old stone? But it's too _____ late _____

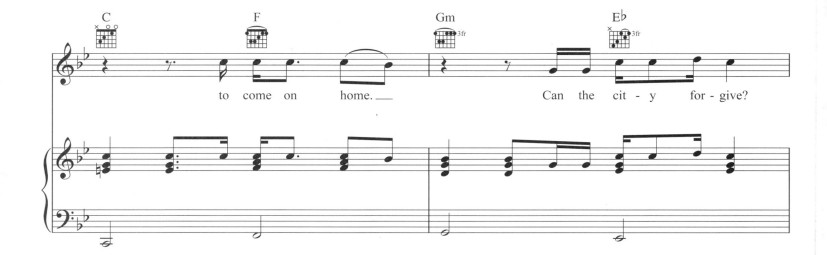

to come on home. _____ Can the cit - y for - give?

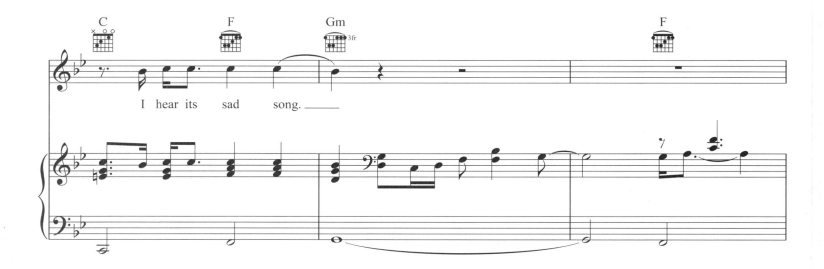

I hear its sad song. _____

CAUGHT

Words and Music by FLORENCE WELCH
and JAMES FORD

Moderately slow

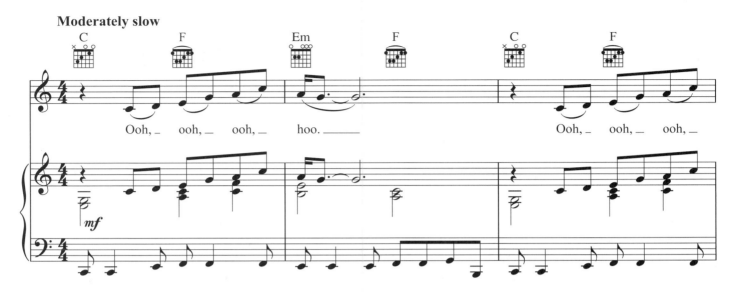

Ooh, __ ooh, __ ooh, __ hoo. _____ Ooh, __ ooh, __ ooh, __

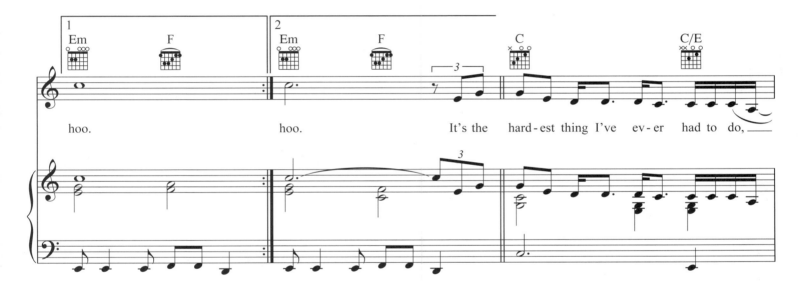

hoo. hoo. It's the hard-est thing I've ev-er had to do, __

to try and keep from call-ing you. Well,

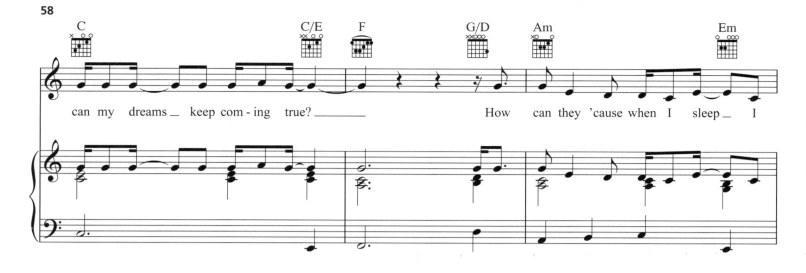

can my dreams keep com-ing true? _____ How can they 'cause when I sleep _ I

live a dream of you. _ As if the dream of you, ____ it sleeps _ too but it nev-er slips a-way. _ It just

gains its strength and digs its hooks _ to drag me through the day. _ And I'm caught.

I for-get all __ that I've _ been taught. _____ I can't keep calm, I can't keep

To Coda

leave my head and crawl out of bed, __ sub-con-scious sed-a-tive. And for those hours __ deep in the dark __ per-

D.S. al Coda

haps you don't ex-ist. __ But I'm __

CODA

I was thrash-ing on __ the line __

some-where be-tween des-p'rate __ and di-vine. _____ I can't keep calm, I can't keep

still. _____ Per-se-pho-ne __ will have her _____ fill. __

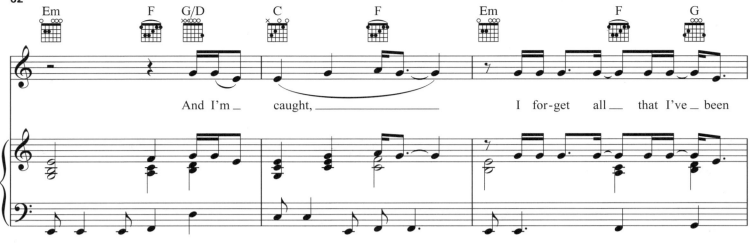

And I'm __ caught, _____ I for-get all __ that I've __ been

taught. _____ I can't keep calm, I can't keep still. _____

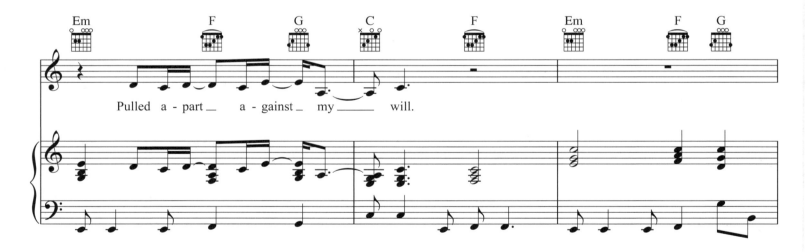

Pulled a-part __ a-gainst __ my _____ will.

Ooh, __ ooh, __ ooh, __ hoo. _____ Ooh, __ ooh, __ ooh, __ hoo.

THIRD EYE

Words and Music by
FLORENCE WELCH

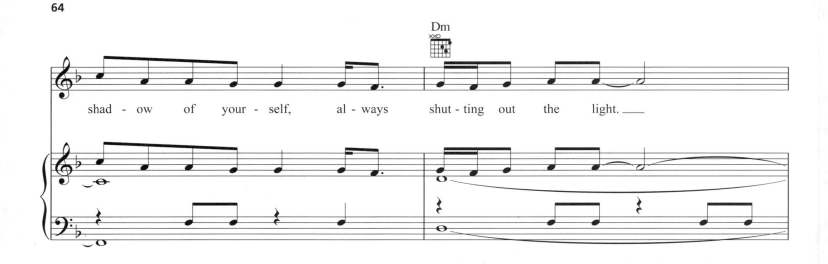

shad-ow of your-self, al-ways shut-ting out the light. ___

Caught ___ in your own cre-a - tion. Look up, ___ look

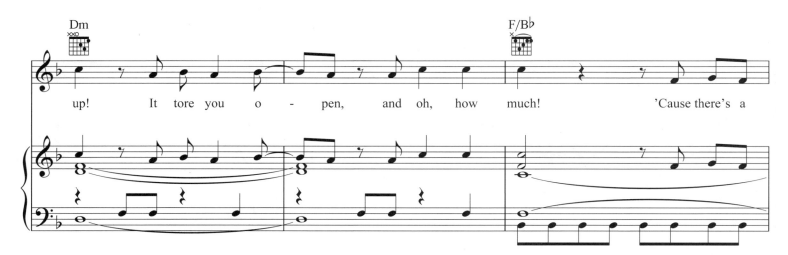

up! It tore you o - pen, and oh, how much! 'Cause there's a

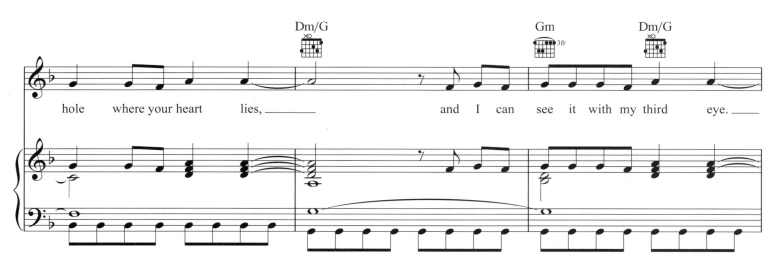

hole where your heart lies, _____ and I can see it with my third eye. ___

Hey, look up! You don't have ___ to be a ghost,
oo - oh.) ___

here a - mongst the liv - ing. ___ You are ___ flesh and

blood! And you de - serve ___ to be loved, ___ and you de - serve ___

___ what you are ___ giv - en. And oh, how much! 'Cause there's a

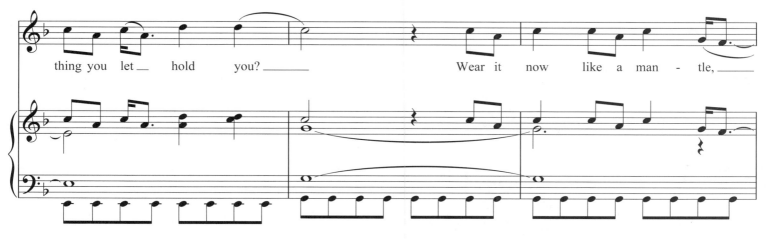

thing you let_ hold you?_____ Wear it now like a man - tle,___

al-ways there to re - mind you._____ Could you

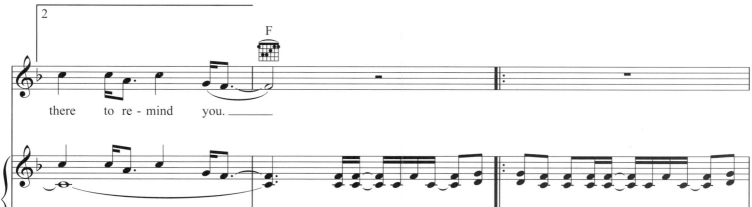

there to re - mind you._____

ST. JUDE

Words and Music by FLORENCE WELCH
and JAMES FORD

Gently and reverently

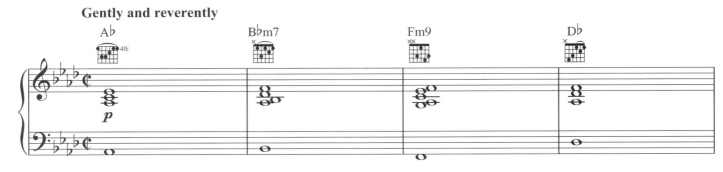

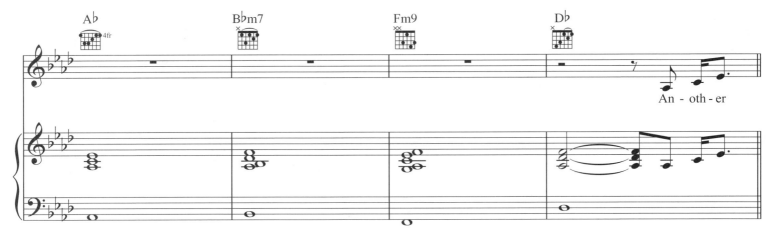

An - oth - er

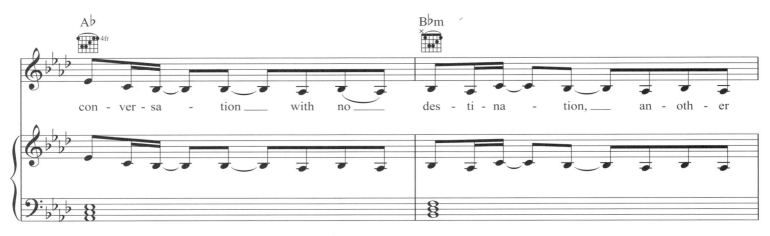

con - ver - sa - tion ___ with no ___ des - ti - na - tion, ___ an - oth - er

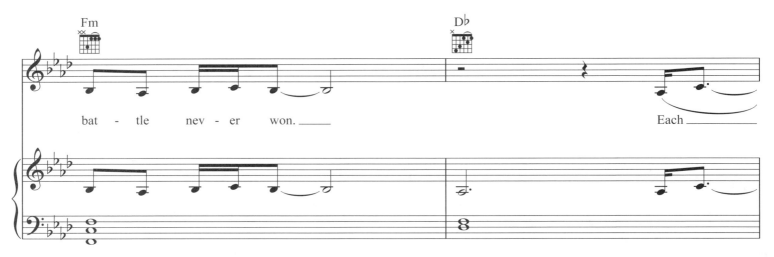

bat - tle nev - er won. ___   Each ___

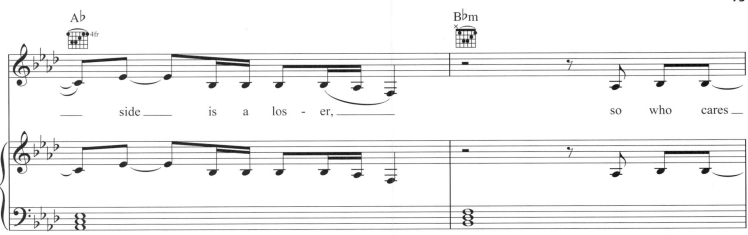

side ___ is a los - er, _____ so who cares ___

___ who fir - ed the gun? And I'm learn -

ing, so I'm leav - ing and e - ven though I'm griev - ing, I'm try'n' to find the mean - ing,

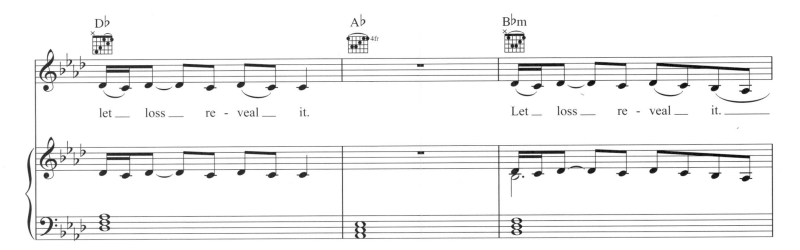

let ___ loss ___ re - veal ___ it. Let ___ loss ___ re - veal ___ it. _____

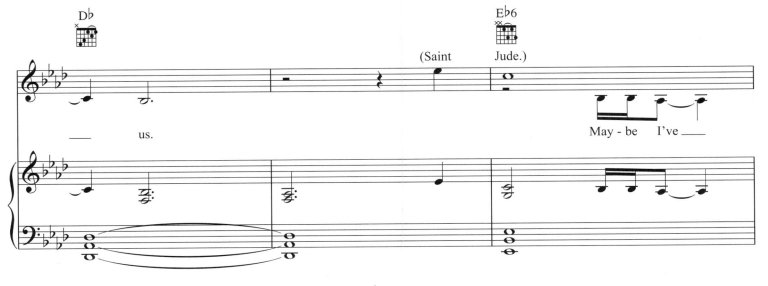

(Saint Jude.)

us.

May - be I've

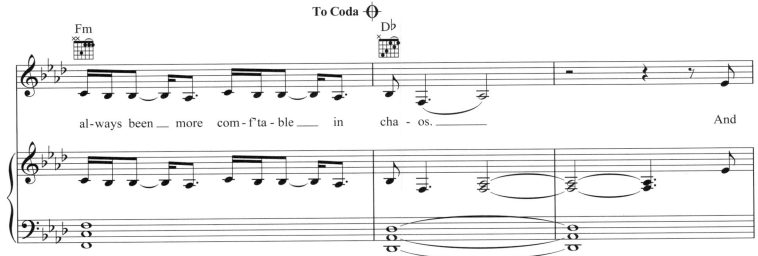

To Coda ⊕

al-ways been more com-f'ta-ble in cha - os.

And

I was on the is - land and you were there too. But some -

how through the storm, I could-n't get to you, Saint

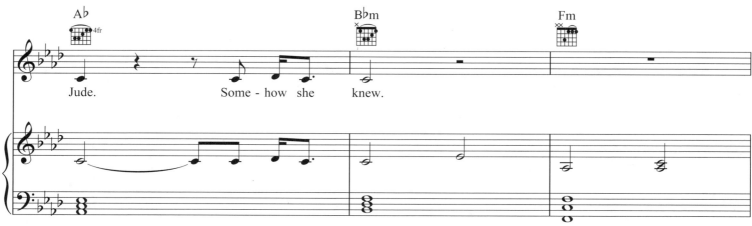

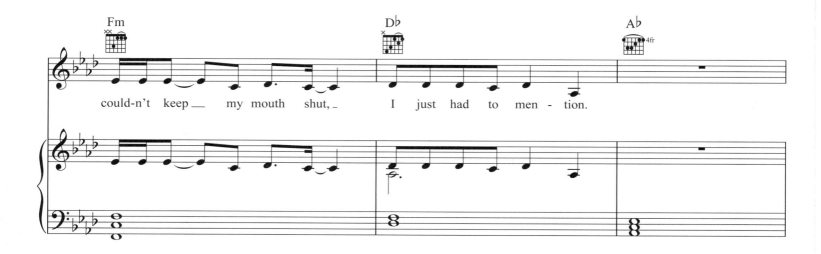

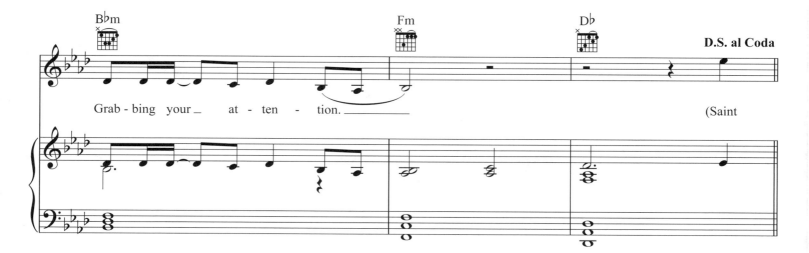

CODA

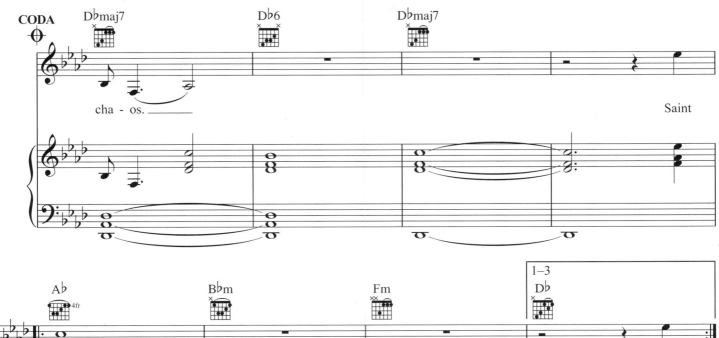

cha - os. _____ Saint

Jude. Saint

And I'm learn - ing so I'm leav-ing and e - ven though I'm griev-ing, I'm try'n'

to find the mean - ing, let ___ loss ___ re - veal ___ it. ___

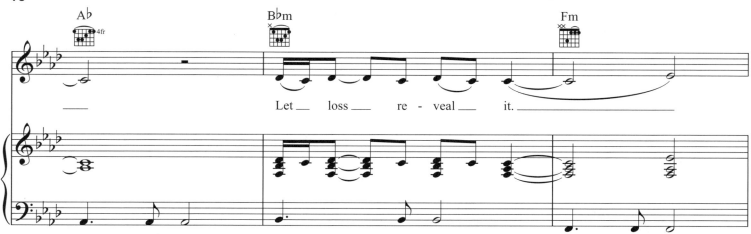

Let __ loss __ re - veal __ it. _____

And I'm learn - ing so I'm leav - ing and e - ven though I'm griev-ing, I'm try'n'

to find the mean-ing, let __ loss __ re - veal __ it. _____

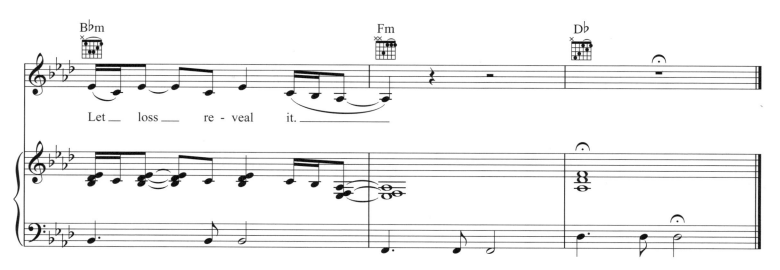

Let __ loss __ re - veal it. _____

MOTHER

Words and Music by FLORENCE WELCH
and PAUL EPWORTH

Moderately, with a strong back beat

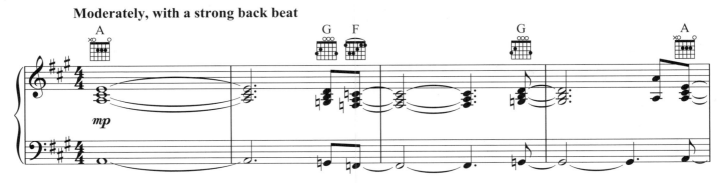

Oh, Lord,__ won't you leave__ me, leave me on my knees?

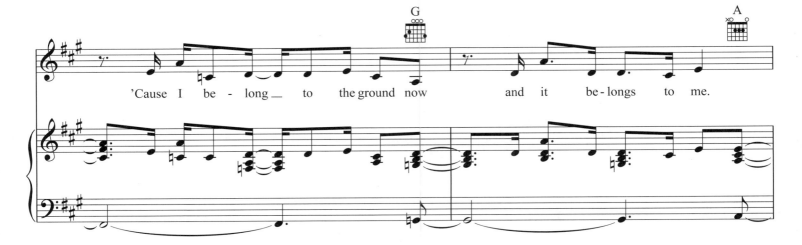

'Cause I be-long__ to the ground now and it be-longs to me.

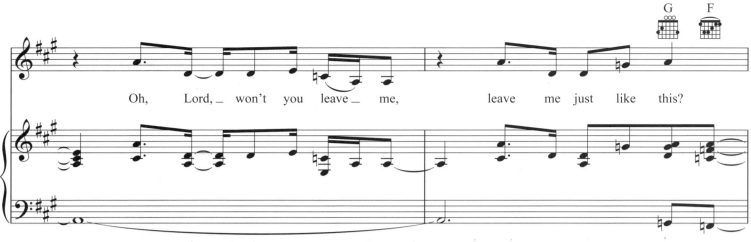

Oh, Lord,__ won't you leave__ me, leave me just like this?

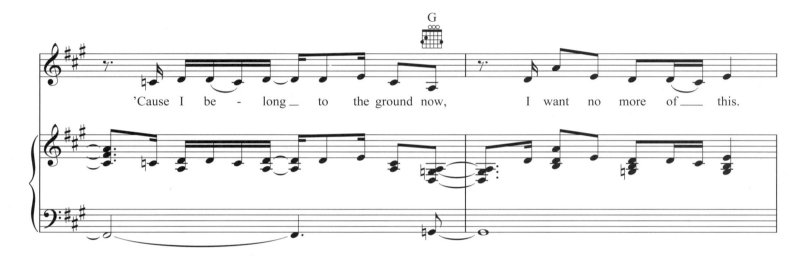

'Cause I be - long__ to the ground now, I want no more of__ this.

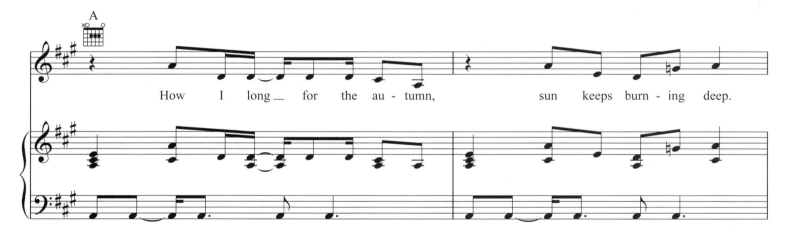

How I long__ for the au - tumn, sun keeps burn - ing deep.

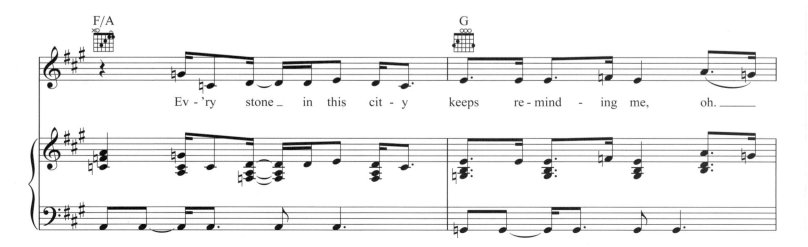

Ev - 'ry stone__ in this cit - y keeps re - mind - ing me, oh.____

Can__ you pro - tect_____ me from what I want? The love__

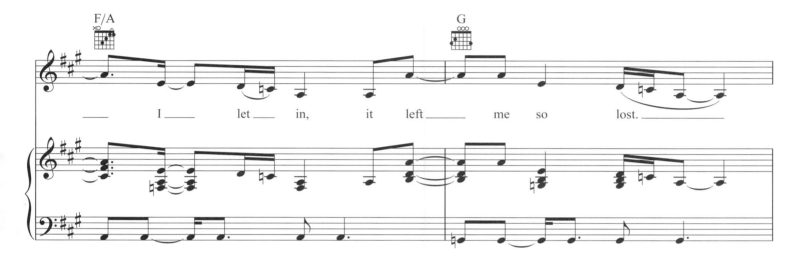

__ I ___ let ___ in, it left_____ me so lost._____

Moth - er, make me, make me a big tall tree.
Moth - er, make me, make me a bird of prey.

So I can shed my leaves and let it blow__ through me.
So I can rise a - bove this and let it fall___ a - way.

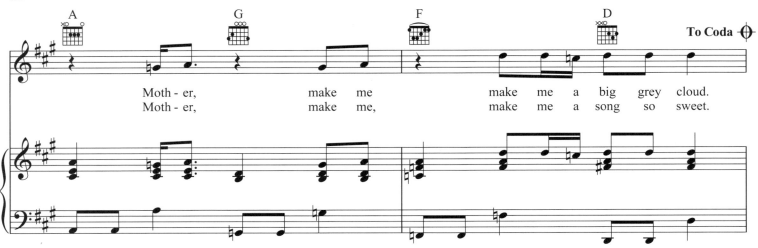

Moth - er, make me make me a big grey cloud.
Moth - er, make me, make me a song so sweet.

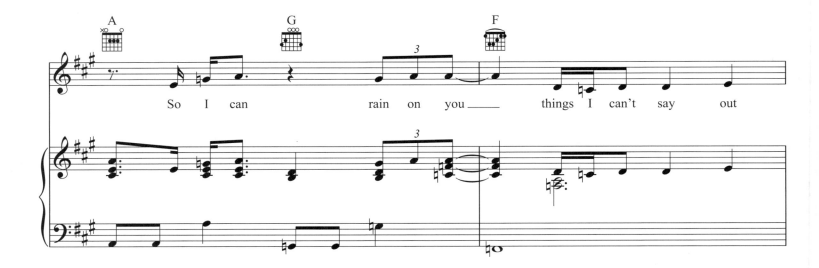

So I can rain on you ___ things I can't say out

loud.

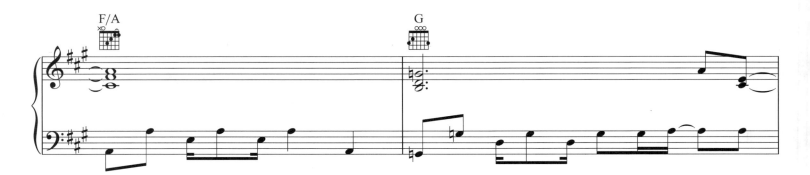

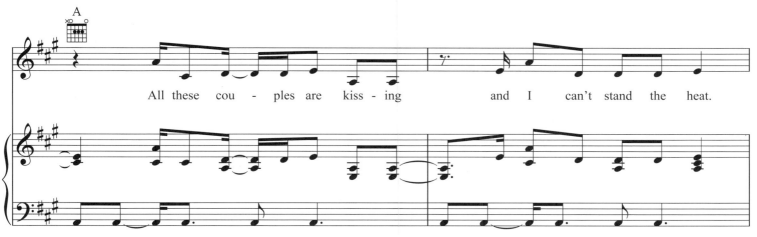

All these cou - ples are kiss - ing and I can't stand the heat.

I lost my shoes_ and left the par - ty, I wan - der in the street.

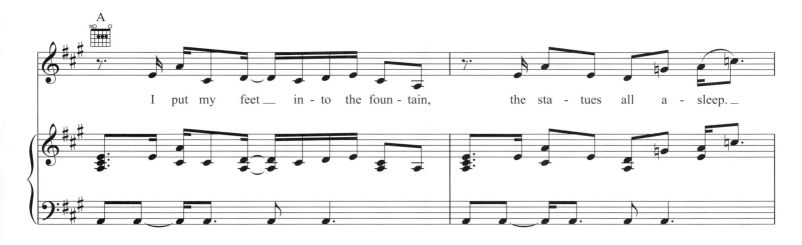

I put my feet_ in - to the foun - tain, the sta - tues all a - sleep._

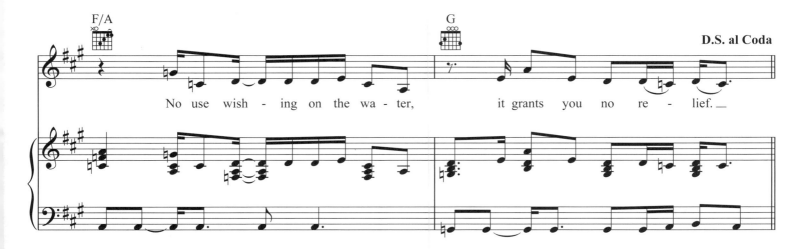

D.S. al Coda

No use wish - ing on the wa - ter, it grants you no re - lief._

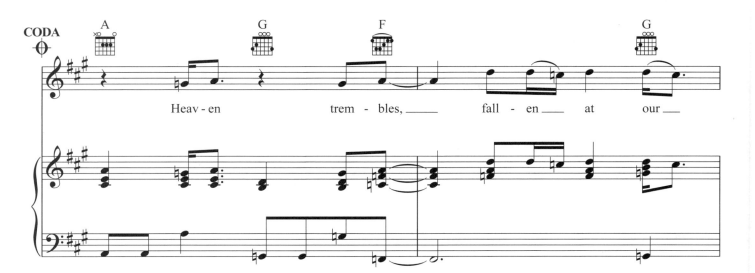

Heav - en trem - bles, _____ fall - en _____ at our _____

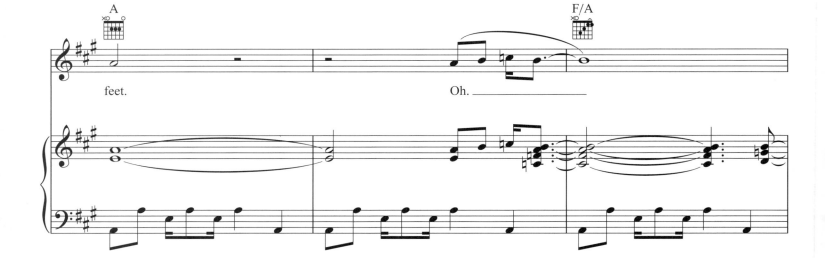

feet. Oh. _____

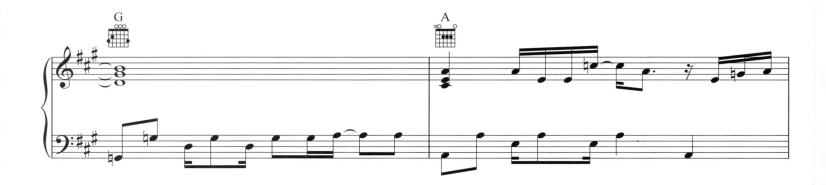

Oh, Lord, __ won't you leave __ me, leave me on my knees?

'Cause I be - long __ to the ground now and it be-longs to me.

Oh, Lord, __ won't you leave __ me, leave me just like this?

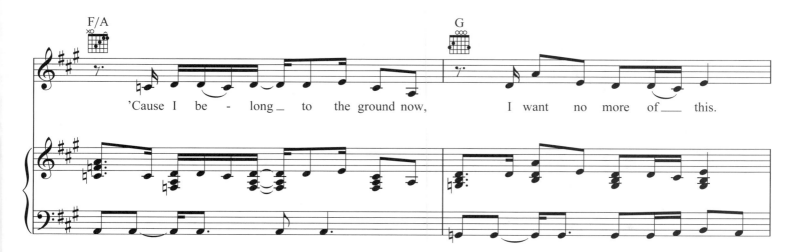

'Cause I be - long __ to the ground now, I want no more of __ this.

Play 6 times

Ah, _____ ah, _____ ah, _____

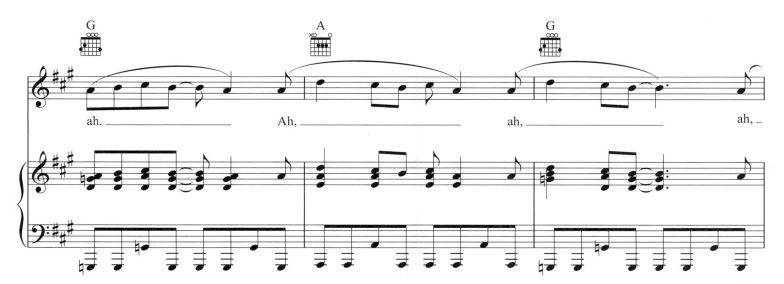

ah. _____ Ah, _____ ah, _____ ah, _

_____ ah. _____

HIDING

Words and Music by FLORENCE WELCH
and JAMES FORD

Moderate Pop

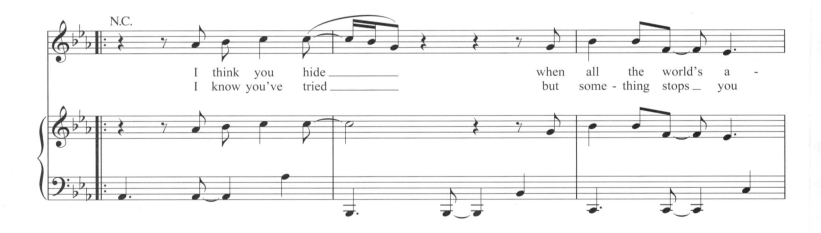

I think you hide _____ when all the world's a-
I know you've tried _____ but some-thing stops_ you

sleep and tired. _____ You cry a lit-tle, so do I, _____ so do I. _____
ev-'ry time. _____ You cry a lit-tle, so do I, _____ so do I. _____

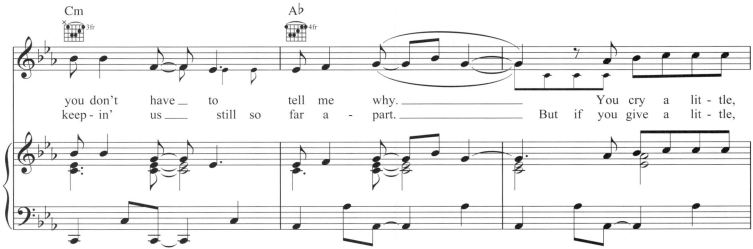

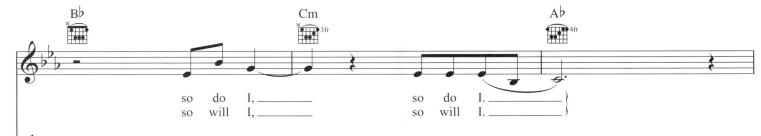

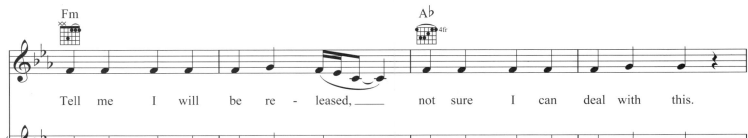

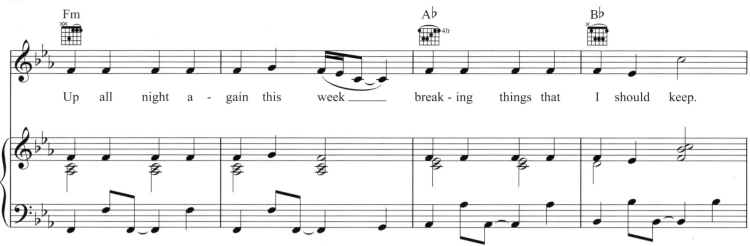

Up all night a-gain this week _____ break-ing things that I should keep.

I know that you're hid - ing. _____ I know there's a part_ of you_

_____ that I just can-not reach. _____ You don't have to let _____ me _____ in. _____

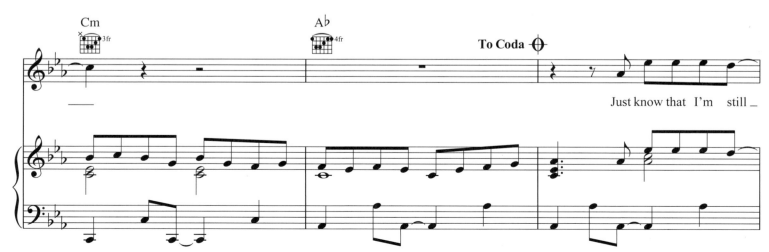

_____ Just know that I'm still _

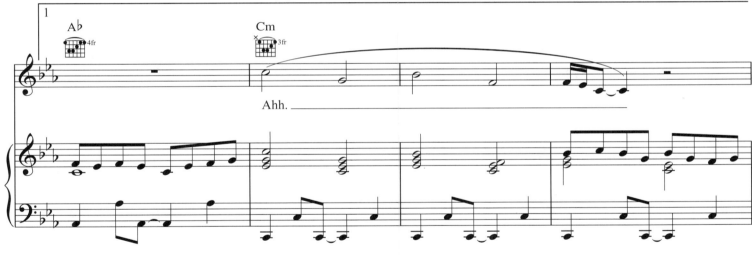

hold - ing. _____ But if you would let me _ out I will see you 'round. _

N.C.

_ Tell me I will be re - leased. _____

Not sure I can deal with this. Up all night a - gain this week _____

Ab   Bb

break - ing things that I should keep. Tell me I will be re - leased, _____

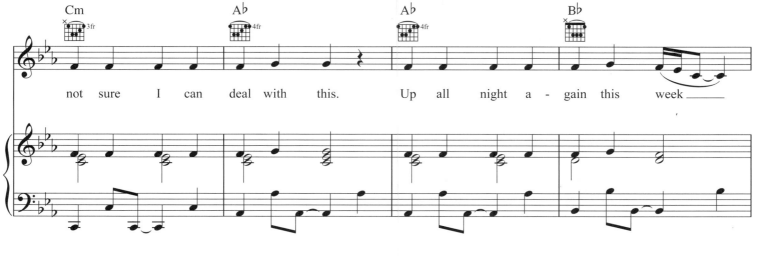

not sure I can deal with this. Up all night a - gain this week ____

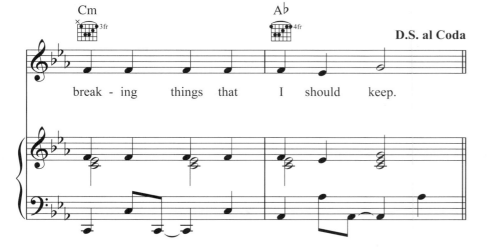

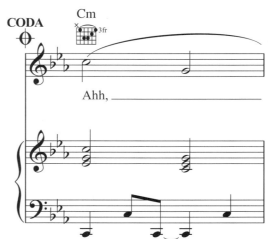

break - ing things that I should keep.

D.S. al Coda

CODA

Ahh, ____

____ I'm still here. ____

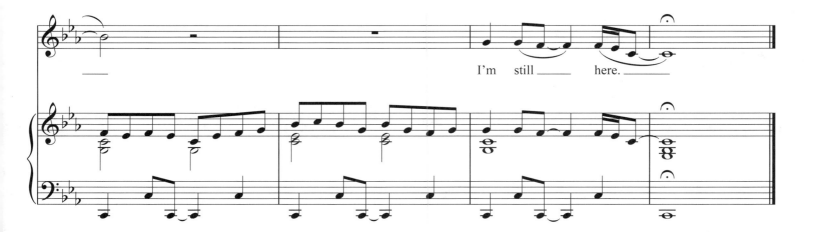

____ I'm still ____ here.

MAKE UP YOUR MIND

Words and Music by FLORENCE WELCH
and THOMAS HULL

With energy

I nev-er thought I'd ___ be a kill-er ___ 'cause there's so ___

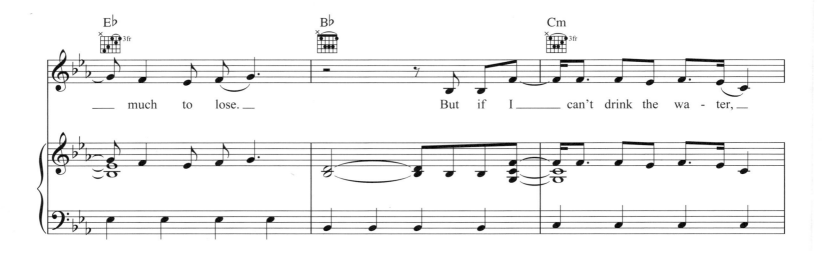

___ much to lose. ___ But if I ___ can't drink the wa-ter, ___

what else ___ can I do? And al - though ___

the axe is heav-y, it just sits in my hands.

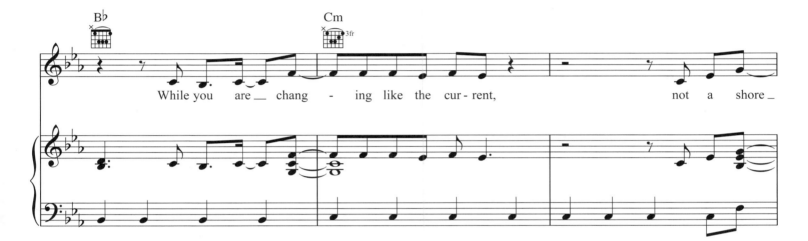

While you are chang - ing like the cur-rent, not a shore

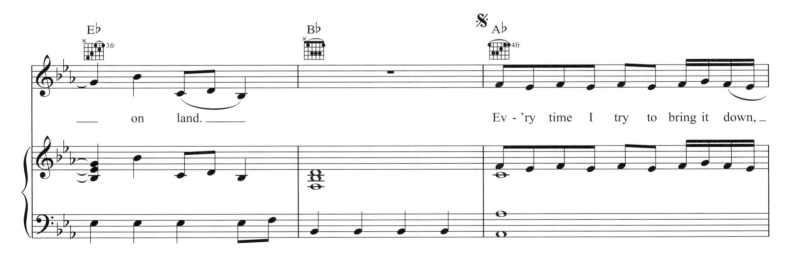

on land. Ev-'ry time I try to bring it down,

you al-ways turn my head a - round, oh.

Make up____ your mind, _____ let me__ leave,____ or let me love you.____

____ While you've__ been sav - ing__ your neck, _____ I've been break -

- ing mine__ for you. _____ The pow - er ____ is on, ____ the

guil - lo - tine hums, my back's__ to the wall, _ go on, ____ let it fall, _ oh. ____

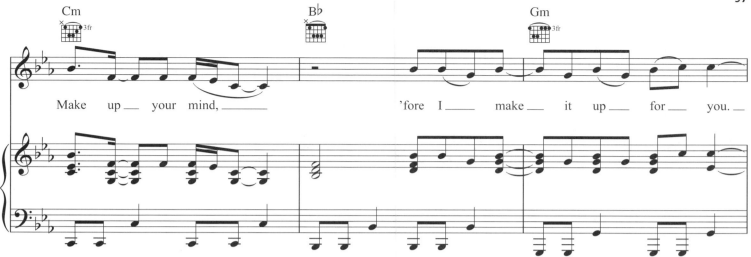

Make up ___ your mind, _____ 'fore I ___ make ___ it up ___ for ___ you. ___

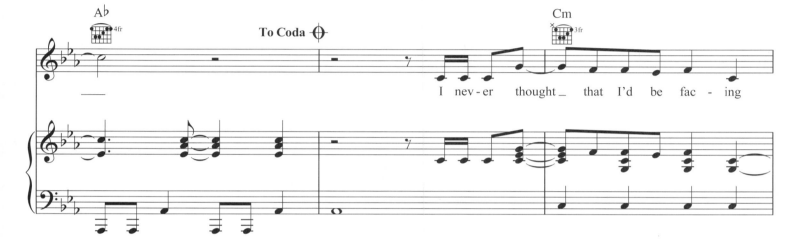

To Coda ⊕

___ I nev-er thought ___ that I'd be fac - ing

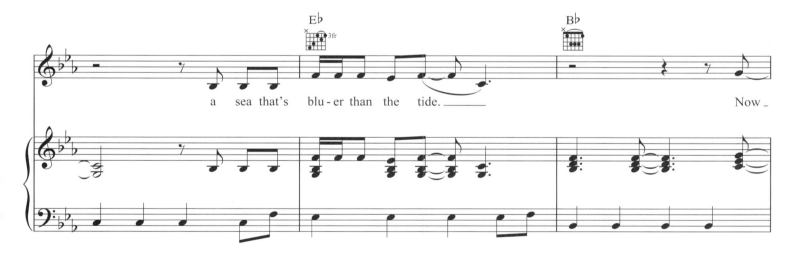

a sea that's blu-er than the tide. ___ Now ___

___ my knees are shak-ing and I can't ___ look in your ___ eyes. ___

but if you're gon - na make me do ____ it, how ____

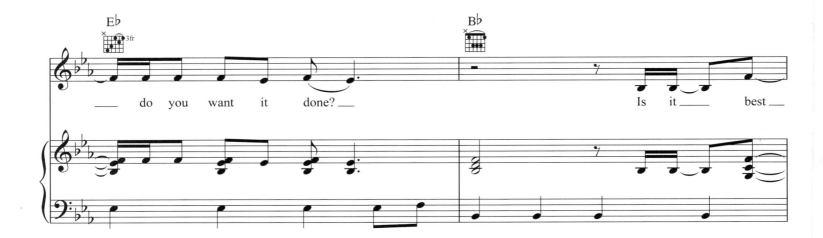

____ do you want it done? ____ Is it ____ best ____

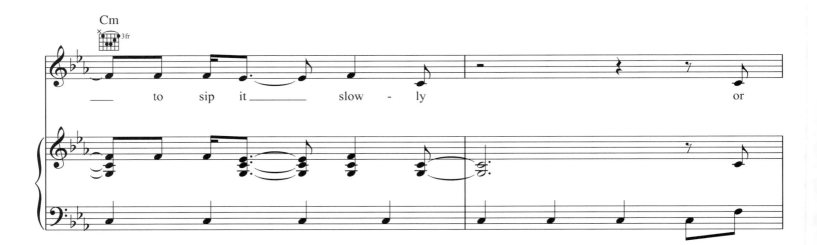

____ to sip it _____ slow - ly or

D.S. al Coda

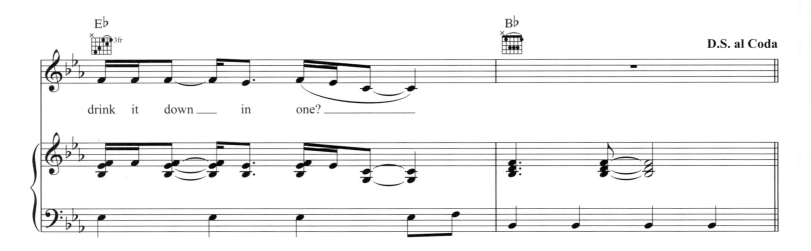

drink it down ____ in one? _____

CODA

The ex - e - cu - tion-er ___ is with-in ___ me and he comes

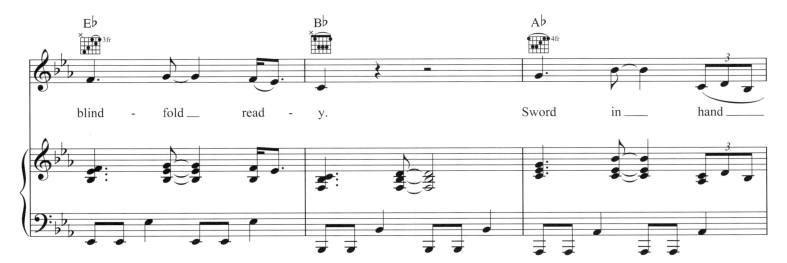

blind - fold ___ read - y. Sword in ___ hand ___

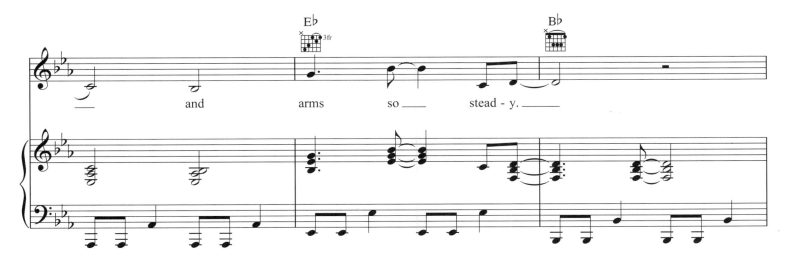

___ and arms so ___ stead - y. ___

Ev - 'ry time I try to bring it down, ___ you

al - ways turn my head a - round. _____

Ev - 'ry time I try to bring it down, _____ you

al - ways turn my head a - round. _____

Make up ___ your mind, _____ let me ___ leave, ___ or let me love you. ___

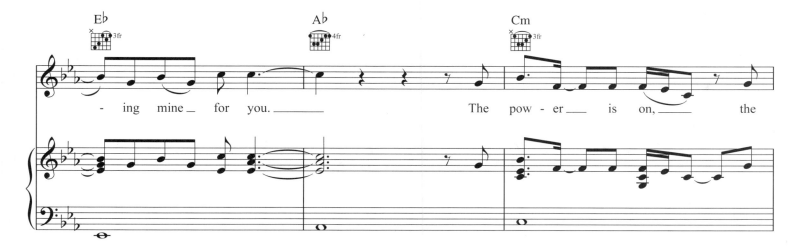

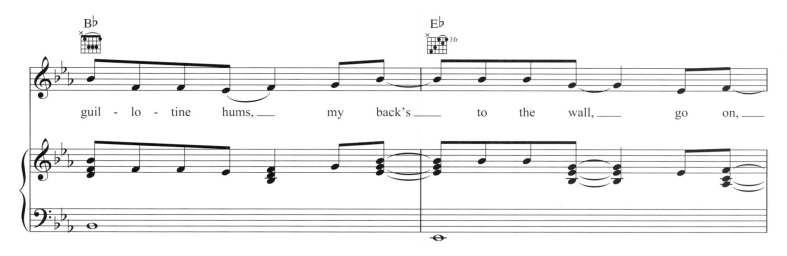

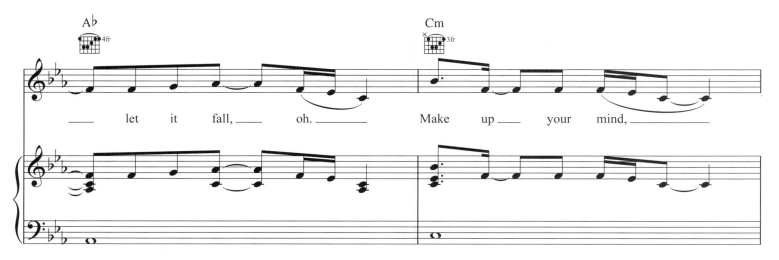

'fore I ___ make ___ it up ___ for ___ you. ___

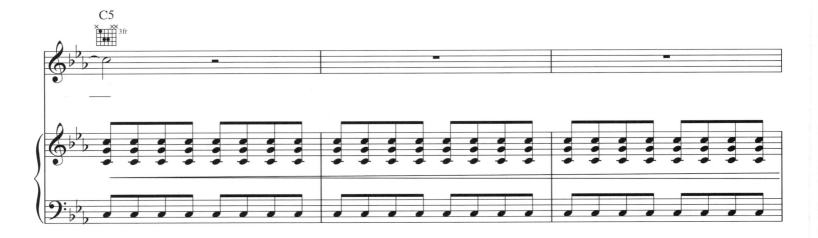

Make up ___ your mind, ___ let me ___ leave, ___

___ or let me love you. ___ While you've ___ been sav - ing ___ your neck, ___

I've been break - ing mine _ for you. _____ The

pow - er ___ is on, ____ the guil - lo - tine hums, my back's _ to the wall, _ go on, _

___ let it fall, _ oh. ____ Make up ___ your mind, _____ 'fore I ____ make _

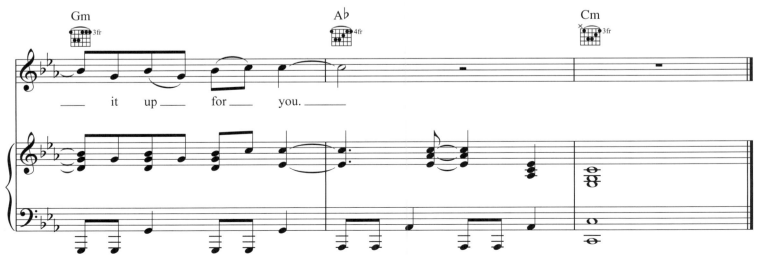

___ it up ___ for ___ you. _____

WHICH WITCH

Words and Music by FLORENCE WELCH
and ISABELLA SUMMERS

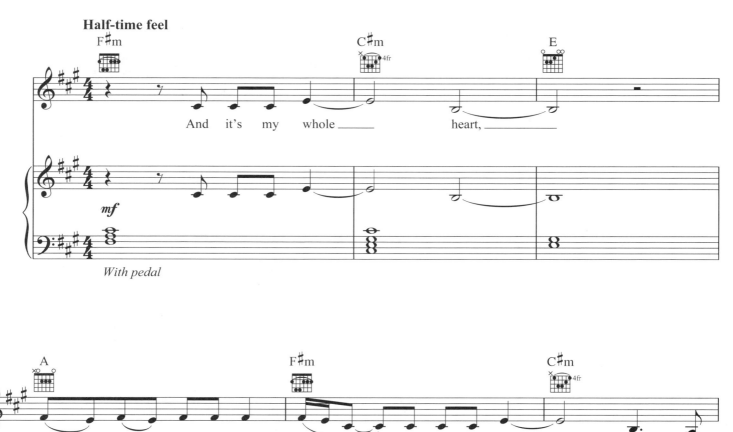

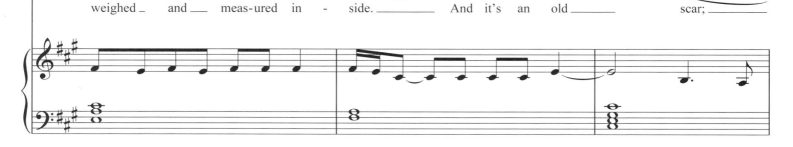

child? Can you make it stick, now that I'm on trial? Wait-ing till the beat comes

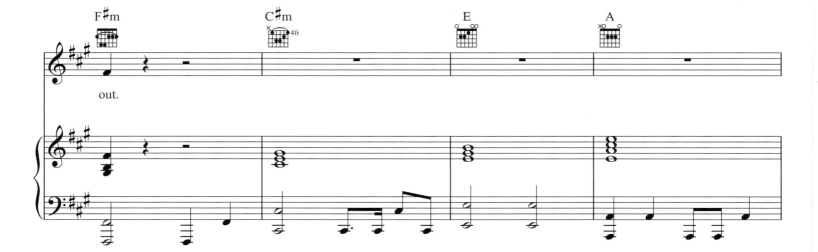

out.

I'm miles _____ a - way; _____ he's on _____ my mind. _____

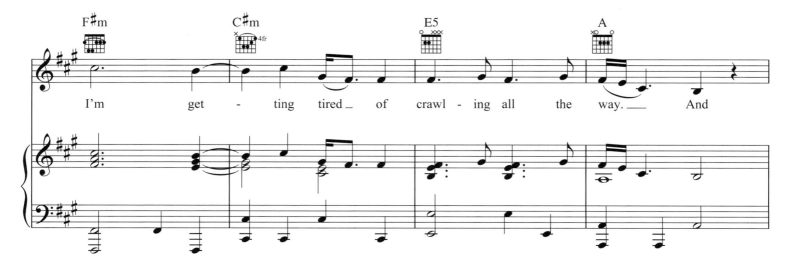

I'm get - ting tired _____ of crawl - ing all the way. _____ And

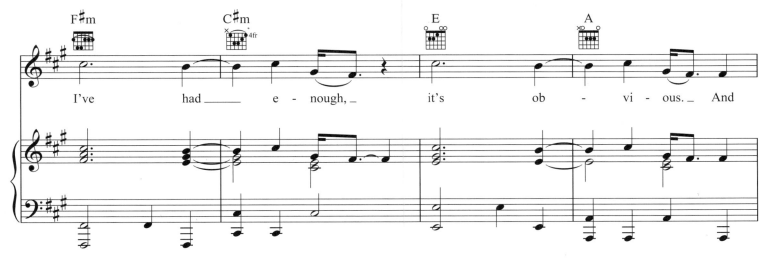

I've had ____ e - nough, ____ it's ob - vi - ous. ____ And

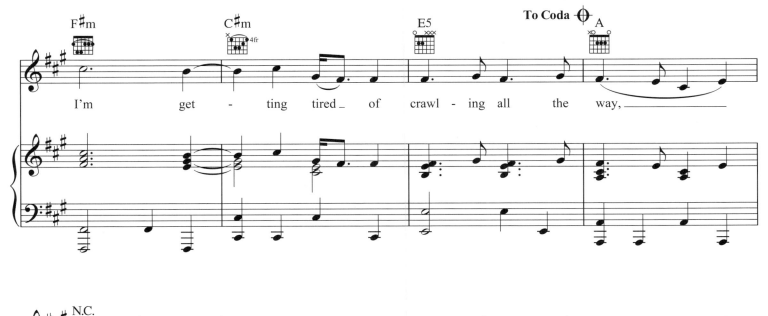

I'm get - ting tired ____ of crawl - ing all the way, _____

crawl - ing all the way, _____ crawl - ing all the way. _____

I'm not beat up by ____ this yet. You can't tell me to ____ re - gret.

Wait-ing till the beat comes out.

Ooh.

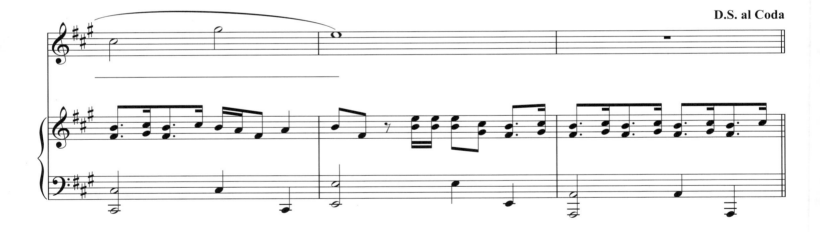

D.S. al Coda

CODA

N.C.

way.

I'm not beat up by this yet.

You can't tell me to ___ re - gret. Been in the dump ___ since the day we

met. Fi - re, help ___ me to ___ for - get! I'm not beat up by ___ this yet.

You can't tell me to ___ re - gret. Been in the dump ___ since the day we

met. Fi - re, help ___ me to ___ for - get!